Peter Muttersbach

Die Täufer von Halberstadt

Bibliografische Information der Deutschen Nationalbibliothek:

Die Deutsche Nationalbibliothek verzeichnet diese Publikation in der Deutschen Nationalbibliografie; detaillierte bibliografische Daten sind im Internet über dnb.dnb.de abrufbar.

Umschlaggestaltung, Grafiken, Satz und Layout: Peter Muttersbach

Abbildungen: s. Anhang

Herstellung und Verlag: BoD – Books on Demand, Norderstedt

ISBN 9-783758-328015

Inhalt

Vorwort

In den letzten Jahrzehnten ist das Interesse an der Täuferbewegung des 16. Jahrhunderts deutlich gestiegen. Das mag daran liegen, dass die Deutungshoheit zu Geschehnissen der Kirchengeschichte nicht mehr den „großen" Kirchen überlassen wird.[1] So entstanden neue Blickrichtungen und Einschätzungen. Das kann man schon allein an manchen Begriffen erkennen. Als Beispiel finden wir gegenwärtig den Begriff „Wiedertäufer" nur noch in Zitaten älterer Literatur, während heute mit großer Selbstverständlichkeit von den „Täufern" gesprochen und geschrieben wird.[2] Dazu rückt die bisher wenig beachtete Wirkgeschichte des Täufertums bis in die Gegenwart stärker in den allgemeinen Wahrnehmungshorizont. Allein das Vorhandensein einer weitverbreiteten und durchaus lebendigen Freikirchenkultur – quasi als alternatives Kirchenmodell zu den historischen „Groß"-Kirchen – lässt sich als Folge der Täuferbewegung einordnen. Weder von Luther noch von Zwingli war der Ausbruch aus der Vorstellung eines „Corpus Christianums" – also einer Einheit von Kirche und weltlicher Macht – angestrebt. Die Täuferbewegung hat historisch gesehen genau hier angesetzt: Weltliche Macht hat nicht über den Glauben der Menschen zu befinden. Das galt damals als Aufruhr, heute als Selbstverständlichkeit und hat bei uns Verfassungsrang im Sinne von Glaubens- und Religionsfreiheit nach Artikel 4 des Grundgesetzes.

Literatur zur europaweiten Täuferbewegung gibt es heute erfreulicherweise sehr umfangreich und in hoher wissenschaft-

1 Leider kann man das Reformationsjubiläum von 2017 darin noch als Rückfall einordnen.

2 Für die Täufer galt ihre Praxis nicht als Taufwiederholung, weil für sie die Säuglingstaufe wegen des fehlenden Glaubens nicht als rechte Taufe galt.

licher Qualität. Dazu gehören auch Veröffentlichungen um Geschehnisse am Rande der stets behandelten Regionen und Personen. Durch eine Gedenkveranstaltung im Frühjahr 2023 für hingerichtete Täufer in Halberstadt bin ich aufmerksam geworden auf das dortige Geschehen um die Jahre 1534 bis 1536. Was sich damals abspielte, ist zwar eine dieser Randerscheinungen im Ganzen der reformatorischen Wirren. Mir scheint es aber wert, diese Ereignisse einmal für sich genommen zu betrachten. Für die damaligen Verhältnisse wird der Umgang mit Abweichlern in erschreckender Weise als „normal" erkennbar. Es fällt schwer, sich dies emotional und aus heutiger Logik zuzumuten. Dass die Reaktion der römischen Kirche gegenüber Täufern nicht von Wohlwollen geleitet war, ist aus deren Vorstellungswelt heraus nachvollziehbar. Dass aber auch Luther wie Zwingli für sich selbst die Freiheit des Glaubens einklagten und in Anspruch nahmen, ohne sie anderen zuzugestehen, zeigt ein hohes Maß an Ignoranz und Inkonsequenz. Gerade auch von ihrer Seite wurde die Verfolgung der Täufer mit großer Härte betrieben.

Bei dem Leben und Glauben der Täufer von Halberstadt handelt es sich um ein Geschehen in reformatorisch unruhigen Zeiten. Kirchenpolitisch waren die Jahre 1534 bis 1536 in der Stadt zu der Zeit noch von katholischer Seite geprägt. Allerdings sickerte reformatorisches Gedankengut schon langsam ein und zwar bemerkenswerterweise zuerst in Teilen der Geistlichkeit.

Ich widme mich dem Thema nicht zuallererst mit eigener Forschungsleistung, sondern trage hier zusammen, was schon von anderen vor allem zu den Täufern in Thüringen und Umgebung erarbeitet wurde. Die vielen Quellenangaben in den Fußnoten, dienen nicht nur als Belege für meine Darstellung, sondern können Interessierten Wegweiser sein für eigene Nachforschungen. Die Besonderheit in vorliegender Arbeit liegt in meiner Fokussierung auf die Geschehnisse in und um Halberstadt und ihre Einbettung in die damaligen Wirren.

Zusammenfasende Arbeiten zu diesen Vorkommnissen liegen bisher nicht vor. Das will ich hiermit nachholen. Die damals beteiligten Personen möchte ich auf diesem Wege würdigen und verständlich machen, wie sehr sie ihrerseits nur als Teil einer größeren historischen Umwälzung zu verstehen sind.

Dankenswerterweise liegen veröffentlichte Akten vor, auf die ich zurückgreifen konnte. Das sind vor allem die Bearbeitungen durch *Eduard Jacobs* von 1899[3] und *Paul Wappler* von 1913[4], letzterer bezieht sich in seinen Auswertungen auch vielfach auf Jacobs. Auf diese und weitere Informationen und Literatur weise ich ohnehin in den Fußnoten hin.

Viele Zitate aus den Akten sind, wo es notwendig erschien, sprachlich mehr oder weniger geglättet. Mir geht es hauptsächlich um die Verständlichkeit des Inhaltes für heutige Leser, weniger um die Originalität des Urtextes.

Schwerwiegender sind die unterschiedlichen Schreibweisen von Ortsnamen, erst recht von Personennamen. Bei letzteren gibt es recht markante Abweichungen. Es geht nicht nur um einfache Varianten der Schreibweise wie z.B. bei Thomas Münzer/Müntzer; Jörg/Georg, Knoblauch/Knobloch. Wir haben es auch mit komplett anderen Namen zu tun, die Probleme bereiten wie bei Hans und Greta/Gretha Höhne/Heune/Reuße; Adrian Richter/Henkel, Hans Peißker/Döring. Damit kein Namenswirrwar entsteht, habe ich stets nur eine Variante verwendet und in wörtlichen Zitaten Abweichungen kenntlich gemacht.

Meinen Beitrag zur Geschichte Halberstadts und der Täuferbewegung verstehe ich nicht als einen weiteren wissenschaftlichen Baustein mit möglichst neuen Erkenntnissen. Es handelt sich – wie schon angedeutet – um eine Zusammenfas-

3 *Eduard Jacobs*: Die Wiedertäufer im Harz, in: Zeitschrift des Harzvereins für Geschichte und Altertumskunde 32 (1899), 423-536.

4 *Paul Wappler*: Die Täuferbewegung in Thüringen von 1526–1584, Jena 1913.

sung vorhandener Informationen speziell mit dem Fokus auf die Halberstädter Täufer. Damit ist es auch eine Einladung an interessierte Leserinnen und Leser, sich anhand des zusammengetragenen Materials mit einem historisch und örtlich abgegrenzten Teil eines größeren Geschehens zu befassen. Schließlich sind die Täufer von Halberstadt auch ein Teil der Stadtgeschichte. Für hilfreiche Korrekturen oder Ergänzungen bin ich sehr empfänglich und dankbar.

Peter Muttersbach (Februar 2024)

1. Die Hinrichtung an der Bodebrücke bei Gröningen

Anfang Oktober 1535. Hans Höhne, Adrian Richter und Petronella, eine Bäckersfrau aus Holdenstedt, wurden zu ihrer Hinrichtung geführt. Das Ganze sollte außerhalb Halberstadts geschehen. Dort hatte man sie zuvor verhaftet, verhört, gefoltert und verurteilt. Ihr Verbrechen: Sie hielten sich zur Täuferbewegung. Die Hinrichtung sollte zwölf Kilometer östlich von Halberstadt erfolgen – wohl um Aufsehen in Halberstadt zu vermeiden.[5] Zu oft schon führten öffentliche Hinrichtungen von Täufern zu Mitleidsbekundungen in der Bevölkerung. Schlimmer noch, der Märtyrertod unschuldiger und rechtschaffender Leute wirkte als deren Glaubenszeugnis eindrucksvoll auf die Zuschauer. Oft genug predigten die Todeskandidaten noch zuvor den Gaffern oder sangen Glaubenslieder.[6]

Hinrichtungsort war die Brücke vor Gröningen an der Bode. Nach kurzer Befragung, ob sie von ihren Überzeugungen lassen wollen, wurden die Drei wegen ihrer hartnäckigen Weigerung erneut gefoltert, um sie vielleicht doch noch im Wissen um ihr nahes Ende umzustimmen. Da sie unerschütterlich bei ihren Überzeugungen blieben, war ihr Tod beschlossene Sache. Jeder der Drei wurde gefesselt in einen Sack eingebunden und von der Brücke in die Bode geworfen. Nachdem sie keine Lebenszeichen mehr von sich gaben, zog man sie heraus und verscharrte sie nahe der Uferböschung in „ungeweihter Erde".

5 *Jacobs* (s. Anm. 3), 461; ebenso *Wappler* (s. Anm. 4), 135.
6 Vgl. *Wappler* (s. Anm. 4), 139.

Das Urteil über die Hingerichteten erging am 8. Oktober 1535 schriftlich vom Kardinal Albrecht (1490-1545), Erzbischof zu Magdeburg und Mainz. Er schrieb an den Stiftshauptmann Heinrich von Hoym in Halberstadt:

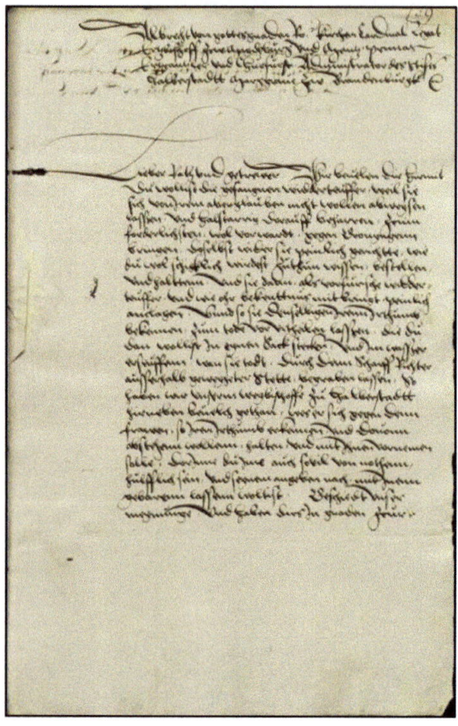

„Albrecht von Gottes Gnaden Röm. Kirchencardinal Legat, Erzbischof zu Magdeburg und Mainz, Primas, Erzkanzler und Churfürst. Administrator des Stiftes Halberstadt, Markgraf zu Brandenburg etc.

Lieber Rat und Getreuer.[7] Wir befehlen dir hiermit du wollest die gefangenen Wiedertäufer, weil sie sich von ihrem Aberglauben nicht wollen abweisen lassen und halsstarrig darauf beharren, zum förderlichsten wohl verwahrt gegen Gröningen bringen, daselbst wider sie peinliches Gericht, wie du das wohl schicklich zu tun verstehst, bestellen und halten und sie dann als verführerische Wiedertäufer und wie ihr Bekenntnis mitbringt peinlich anklagen und so dieselben ihren Irrtum bekennen, sie zum Tode verurteilen lassen; die du dann wollest in einen Sack stecken und im Wasser ersäufen. Wenn sie tot sind, durch den Scharfrichter außerhalb geweihter Erde begraben lassen. So haben wir unserem Weihbischof zu Halberstadt hierneben Befehl getan, was er sich gegen die Frauen, so ihren Irrtum bekennen und davon abstehen wollen, halten, und mit ihnen vornehmen soll, darin du ihm auch soviel von

7 Diese Anrede ist ungewöhnlich und deutet auf eine Beziehung hin, die verwandtschaftlicher Art sein könnte. Näheres war nicht in Erfahrung zu bringen. Bekannt ist lediglich, dass Kardinal Albrecht und Herzog Georg von Sachsen Cousins waren.

Nöten hilfreich sein und seinem Angeben nach mit ihnen gebaren lassen wollest. Geschieht unserer Meinung und haben dirs in Gnaden zur [*Seitenwechsel*] Antwort nicht wollen vorhalten.

Datum zu Halle auf Sankt Moritzburg, am Freitag nach Francisi, anno domini im 15ten und 35ten [8. Oktober 1535]. Unserm Hauptmann des Stifts Halberstadt, Rath und lieben getreuen Heinrich von Hoym."

Diese Hinrichtung findet eine zeitgenössische Bestätigung im Tagebuch des Halberstädter Bürgers Albrecht Meige. Vermutlich war er ein Verwandter des bei den Verhören beteiligten Richters Meige. Zum Jahr 1535 schreibt er,

„dass in Halberstadt einige gefangene Wiedertäufer wieder zur päpstlichen Religion gebracht, die anderen aber, die sich nicht dazu bequemen wollten, zu Gröningen in der Bode ersäuft worden seien."[8]

Ein genaues Datum dieser Hinrichtung erfahren wir von Meige nicht. Es ist aber nicht zu bezweifeln, dass die „Säckung" und „Ersäufung" kurz nach der Fällung des Todesurteils durch den Kardial Albrecht, als dem obersten Richter, stattfand. So können wir vom 8. oder 9. Oktober ausgehen.

8 Jacobs (s. Anm. 3), 458.

2. Hintergründe

2.1 Unruhige Zeiten – reformatorische Strömungen

Wie konnte es zu diesem makabren Vorgang kommen? Hintergrund sind die unruhigen Zeiten um die Reformation in Zentraleuropa zum Anfang des 16. Jahrhunderts. Unruhig schon deshalb, weil sich damals vieles im Umbruch befand. Lange als sicher geltende Ansichten erschienen in einem neuen Licht. Denken wir nur an die Entdeckungsreisen, die das bisherige Weltbild völlig auf den Kopf stellten. Denken wir an Gutenbergs Erfindung des Buchdrucks mit beweglichen Lettern. Das löste einen Informations- und Bildungsschub aus, der auch einfacheren Bevölkerungsschichten zugute kam.

Buchdruckerei

Es ist überhaupt nicht verwunderlich, dass in dieser Zeit vieles einer Neuorientierung bedurfte wie das Weltbild, so auch die gesellschaftlichen Verhältnisse oder Fragen des Glaubens und der Kirche. Nichts galt mehr als gottgegeben unveränderbar. So geriet vieles auf den Prüfstand. Es gab zwar schon im Mittelalter verschiedene christliche Bewegungen, die recht unabhängig von kirchlichen Vorgaben eigene Ideen zur Verwirklichung christlichen Lebens ins Spiel brachten. Das war die Zeit vieler Ordensgründungen. Trotz aller Eigenständigkeiten ermöglichten die Orden einen Verbleib innerhalb der damaligen Kirche. Andere unkonventionelle Geister gerieten mit ihren Ansichten schnell in den Geruch, Ketzer zu sein. Es war nicht zu vermeiden, dass die Frage nach einem erneuerten Christsein stets auch die Strukturen der Kirche berührte. Das führte natürlich zu Auseinandersetzungen mit den Mächtigen in der Kirche. Jan Hus (~1370–1415) sei hier als besonders krasses Beispiel genannt. Er wurde 1415 als Ketzer während des Konzils in Konstanz verbrannt.

So ergaben sich in dieser hier angesprochenen Umbruchphase verschiedene Strömungen, die man als Entladung einer lang aufgestauten Spannung verstehen kann. Zu ihnen gehörten hauptsächlich die Bestrebungen Luthers (1483–1546) und Zwinglis (1484–1531) Anfang des 16. Jahrhunderts. Beide Reformatoren erzielten eine erhebliche Wirkung: Luther mit seinen 95 Thesen 1517 in Wittenberg, seiner heftigen Kritik am Papsttum und Ablasshandel und seiner Übersetzung des Neuen Testamentes ins Deutsche (1522). Dadurch wurde für viele Menschen überhaupt erst biblische Grundlagen zugänglich. Ebenso sorgten auch Luthers Streitschriften für einigen Wirbel. Zwinglis reformatorisches Bestreben begann schon 1516 als Leutpriester in Einsiedeln mit seiner Kritik an der abergläubischen Volksfrömmigkeit unter den Pilgern und ebenso am Ablasshandel. Den Zürcher Ratsherren fiel er dadurch positiv auf, deshalb beriefen sie ihn ans dortige Großmünster. Eine gründliche Kirchenreform mit biblischer Orientierung lag Zwingli am Herzen.

In dieser aufgewühlten Zeit wuchs in der Bevölkerung die Hoffnung, dass die reformatorischen Strömungen eine Befreiung von kirchlicher Bevormundung und darüber hinaus gesellschaftliche Freiheiten erwarten lassen. Schließlich war das Ständewesen und die Vorstellung, dass Armut und Abhängigkeit gottgegeben sei, nicht mehr außerhalb der Kritik. Mit kecken Sprüchen wie „Als Adam grub und Eva spann, wo war denn da der Edelmann?"[9], war die Legitimation des Adels in Frage

9 Der Zweizeiler geht wahrscheinlich auf eine englische Version aus dem Bauernaufstand von 1381 zurück. Später wurde er zum geflügelten Wort

gestellt. Angeregt durch das aufstrebende Bürgertum der Städte gab es verschiedene Versuche der Landbevölkerung aus ökonomischen und religiösen Gründen in weiten Teilen Thüringens, Sachsens und im süddeutschen Raum, gegenüber den Fürsten wenigstens einige Lockerungen zu erreichen.[10] Das schlug erschreckend schnell fehl und mündete in die Katastrophe der blutigen Bauernaufstände in Süddeutschland und Thüringen.

Dabei ist es interessant zu sehen, wie viele Forderungen der Aufständischen auch in die Vorstellungen der Täufer einflossen, wenn auch verbunden mit dem Anliegen der Gewaltlosigkeit. Das ergibt sich auch schon aus der Parallelität mit plausiblen biblischen Begründungen für beide Bewegungen.

Luthers geradezu als Hetzschrift zu bezeichnende Schmähung der Aufständischen zeigte deutlich, auf welche Seite er sich geschlagen hatte, um Halt und Unterstützung zu suchen für seine reformatorischen Ideen.[11] Beide, Luther und Zwingli,

---

in verschiedenen Ländern. Der Täufer Heinz Kraut zitierte diesen Spruch sogar auf seinem Weg zur Hinrichtung in Jena 1536. (*Wappler*, 417).

10 Man lese ihre recht harmlosen aber gut begründeten Forderungen in den „Zwölf Artikeln der Bauern", in: wikipedia: „Zwölf Artikel".

11 *Martin Luther*: Wider die räuberischen und mörderischen Rotten der Bauern (Mai 1525); auch in WA 16, 344ff.: „[...] Aber ehe denn ich mich umsehe, fahren sie fort und greifen mit der Faust drein, mit Vergessen ihres Erbietens, rauben und toben und tun wie die rasenden Hunde. Dabei man nun wohl sieht, was sie in ihrem falschen Sinn gehabt haben, und dass [es] nichts als erlogenes Ding gewesen sei, was sie unter dem Namen des Evangeliums in den Zwölf Artikeln vorgebracht haben. Kurzum, nichts als Teufelswerk treiben sie, und insonderheit ist's der Erzteufel, der zu Mühlhausen regiert [Müntzer] und nichts als Raub, Mord, Blutvergiessen anrichtet [...] Über einen öffentlichen Aufrührerischen ist ein jeglicher Mensch beides, Oberrichter und Scharfrichter. Gleich als wenn ein Feuer angeht, wer am ersten löschen kann, der ist der beste. Denn Aufruhr ist nicht ein einfacher Mord, sondern wie ein großes Feuer, das ein Land anzündet und verwüstet. So bringt Aufruhr mit sich ein Land voller Mordes, Blutvergießens und macht Witwen und Waisen und zerstört alles, wie das allergrößte Unglück. *Drum soll hier zuschmeißen, würgen und stechen, heimlich oder öffentlich, wer da kann, und gedenken, dass nichts Giftigeres, Schädlicheres, Teuflischeres sein kann, als ein aufrührerischer Mensch. Gleich als wenn man einen*

wollten in dieser Zeit lieber mit Hilfe weltlicher Helfer und Schutzmächte ihre reformerischen Bestrebungen umsetzen. Genau das wurde von etlichen ihrer ursprünglichen Anhänger als Irrweg angesehen. Sie waren enttäuscht von den Reformatoren. Ein erneuertes Christsein sollte ohne die bisherige Bevormundung durch eine kirchliche oder weltliche Herrschaft angestrebt werden. Allein biblische Maßstäbe sollten gelten. Wer für die Zukunft der Kirche Antworten im Neuen Testament suchte, konnte sich schwerlich einen kirchlichen Aufbruch in Abhängigkeit vom Staat denken.

2.2 Beginn der Täuferbewegungen

Der persönliche Glaube, unabhängig von irgendeiner Obrigkeit, war Kernpunkt und Triebkraft der ersten Täufer in Zürich, Süddeutschland und weit darüber hinaus. Der Weg einer freiwilligen Entscheidung religionsmündiger Einzelner stand bei ihnen im Vordergrund. Religiöse Zuständigkeiten und Veränderungen wollten sie in die eigenen Hände nehmen.[12] Daraus ergab sich ein völliger Widerspruch zum kirchlichen Amt als bevormundende Autorität. Die Praxis einer Säuglingstaufe, stets begründet mit der Erbsündenlehre des Augustinus aus dem 5. Jahrhundert, war nicht überzeugend, sie sei ohne den Glauben der Getauften ohnehin keinen Sinn. Sie forderten und praktizierten konsequenterweise eine Taufe der Glaubenden. Neben der Lehre von der Erbsünde wurde auch die Lehre über die Realpräsenz Christi in Brot und Wein beim Abendmahl als unbiblisch und völlig unbegründet abgelehnt.

Die Grundgedanken des Täufertums des 16. Jahrhunderts lassen sich neben der durchgängig praktizierten Gläubigentaufe so zusammenfassen:

---

tollen Hund totschlagen muss; schlägst du nicht, so schlägt er dich, und ein ganzes Land mit dir…" [Hervorhebung durch P.M.].

12 Vgl. *Thomas Kaufmann*: Die Täufer. Von der radikalen Reformation zu den Baptisten, München 2019, 9.

> Die von den Reformatoren proklamierte Schriftautorität und das Prinzip des „Priestertums aller Gläubigen" wurde in den täuferischen Gemeinden konsequent umgesetzt. Unter den so genannten Laien, sowohl Männern als auch Frauen, entwickelte sich ein Selbstbewusstsein, das auf ein eigenständiges Urteilsvermögen in Lehrfragen pochte. Ihr Ziel war die Schaffung einer sichtbaren Kirche der Gläubigen, die sich im ethischen Gehorsam bewährte, in geistlichen und finanziellen Fragen Autonomie von der obrigkeitlichen Gewalt praktizierte. [...] Für die von ihnen erkannten Wahrheiten, die aus der intensiven Beschäftigung mit der Bibel erwachsen waren, waren die Täufer bereit, obrigkeitliche Anordnungen zu übertreten und die daraus folgenden Sanktionen auf sich zu nehmen.[13]

Auf diesen gemeinsamen Grundgedanken kristallisierten sich verschiedene Gruppen heraus, die wir zusammenfassend als Täuferbewegung bezeichnen. Untereinander unterschieden sie sich in mancherlei Hinsicht. So hatten sie voneinander abweichende Vorstellungen vom Umgang mit Gewalt und Wehrhaftigkeit, aber auch in der Einordnung biblischer Aussagen über die Endzeit und das kommende Reich Gottes auf Erden usw.

Wie üblich in verwirrenden und bedrohlichen Zeiten sprossen auch spekulative Endzeiterwartungen im Zusammenhang mit biblischen Prophezeiungen heftig ins Kraut. Hans Hut verkündete z.B. für Pfingsten 1528 die Wiederkunft Christi. Es bildeten sich zu diesen Spekulationen zwei Richtungen unter den Täufern heraus. Man könnte sie als aktive und passive Strömungen beschreiben. Als Aktive lassen sich diejenigen einordnen, die das verheißene Reich Gottes schon in der Gegenwart aufrichten wollten. Es ist nachvollziehbar, dass sich das kaum gewaltfrei realisieren ließe. Das „Täuferreich zu Münster" ist ein traurig lehrreiches Beispiel dazu. Die passive Richtung bevorzugte das stille Warten auf das kommende Reich

---

13 *Strübind, Andrea*: „Widerstandsrecht" als elementares Thema in der freikirchlichen Tadition; in: *E. Geldbach / M. Wehrstedt / D. Lütz* (Hg.): Religions-Freiheit. Festschrift zum 200. Geburtstag von Julius Köbner, Berlin 2006, 196.

Gottes. Der Verzicht auf jegliche Gewalt und die Hinnahme des Daseins als Märtyrer kennzeichnet diese Strömung unter den Täufern. Letztere kann von ihrer Größe her als Hauptströmung angesehen werden.

Die verschiedenen regionalen Gruppen standen weder organisatorisch noch lehrmäßig in Abhängigkeit voneinander. Aber gemeinsam war ihnen nicht nur ihre Opposition zur römisch-katholischen Kirche, sondern auch zu Luther und Zwingli. Leider ist über sie allgemein zu wenig bekannt. Oder die Kenntnisse sind verkürzt auf die Geschehnisse um das schon angesprochene „Täuferreich zu Münster" mit seinem Terror und dessen ebenso schrecklichen Niederschlagung. Luther polemisierte ohnehin unter Verzicht auf jegliche Unterscheidung gegen alles, was er unter „Wiedertäufer" und „Schwärmer" miteinander vermengte und heftig verdammte.

Die schweizerisch-süddeutsche Täuferbewegung nahm ihren Anfang im Zusammenhang mit der Reformation Zwinglis in Zürich ab 1522. Hier kam es zur Gründung der ersten Täufergemeinde am 21. Januar 1525. Sie war erfolgt nach heftigen Auseinandersetzungen ehemaliger Mitstreiter Zwinglis mit diesem. Die Beteiligten wollten nichts anderes sein als eine dem Neuen Testament entsprechende Gemeindebewegung. Sie nannten sich „Gemeinde Gottes" oder „Brüder in Christo". In der Konsequenz strebten die Täufer eine Trennung von staatlich-kirchlichen Vorgaben an, wollten nur mündige Menschen taufen und mit ihnen Gemeinden bilden. So entstand der „linke Flügel der Reformation".[14] Nach Meinung der Initiatoren der Täuferbewegung blieben die Reformatoren Luther

14 *Heinold Fast*: Der linke Flügel der Reformation. Klassiker des Protestantismus, Bd. 4, Bremen 1962. Allgemein werden dem „linken Flügel der Reformation" auch die Bauernbewegungen zugerechnet. Das ist berechtig, wenn man beide Bewegungen als Folge oder Begleiterscheinung der Reformation ansieht. Es gibt auch eine gegenseitige Beeinflussung, jedoch wäre es historisch unzulässig, beide Bewegungen miteinander zu vermengen.

und Zwingli mit ihren Bemühungen auf halbem Wege stecken.

> [Die Täufer] „suchten nach Alternativen zur reformbedürftigen Kirche Roms und, mehr noch, nach Alternativen zu den reformatorischen Kirchen, die nicht bereit waren, mit der Kritik an der alten Kirche auch die engen Bindungen zwischen Kirche und Obrigkeit, zwischen christlicher Gemeinde und bürgerlicher Kommune zu lösen."[15]

Der Konflikt drehte sich also weniger um das Taufverständnis als um „zwei sich gegenseitig ausschließende Auffassungen von der Kirche." [16] Das vertraten die Hauptströme der Täufer friedlich. Sie entsagten ausdrücklich jeglicher Gewalt.

Die schnelle Ausbreitung der Bewegung wurde als Gefährdung von Kirche und staatlicher Ordnung eingeschätzt, was zu regelrechten und zum Teil unglaublich brutalen Ausrottungsbemühungen gegen sie führte.[17] So wurde zum Beispiel Felix Mantz am 5. Januar 1527 als erster Märtyrer unter evangelischer (!) Herrschaft durch jämmerliches Ertränken in der eiskalten Zürcher Limmat hingerichtet. Eine grausame Verfolgungszeit begann für die Täufer. Durch das 1529 auf dem Reichstag zu Speyer verabschiedete „Wiedertäufermandat" waren sich die sonst gegenseitig verfeindeten Katholiken, Lutheraner und Reformierten in ökumenischer Eintracht (!) darin einig,

Felix Mantz wird am 5. Januar 1527 in der Zürcher Limmat ertränkt.

15 *Hans-Jürgen Goertz*: Die Täufer. Geschichte und Deutung, München 1980, 11.

16 *Franklin H.*: *Littell*: Das Selbstverständnis der Täufer, Kassel 1966, 33.

17 Vgl. *Goertz*: Täufer (s. Anm. 15), 128ff.

„dass jeglicher Wiedertäufer und Wiedergetaufte, Mann oder Frau verständigen Alters, vom natürlichen Leben zum Tode, mit Feuer, Schwert oder dergleichen entsprechend der Person, ohne vorhergehendes geistliches Gericht, hingerichtet und zu Tode gebracht werden soll. Und sollen derselben Fürprediger, Vorsteher, Sendboten und aufrührerische Aufwiegler des benannten Lasters der Wiedertaufe, auch die darauf beharren und diejenigen, so zum anderen Male umgefallen, hierin keineswegs begnadigt, sondern gegen ihnen, vermöge dieser unser Constitucion und Satzung ernstlich mit der Strafe gehandelt werden."[18]

Es bedurfte also nicht einmal einer Gerichtsverhandlung. Täufer waren rechtlich schlechter gestellt als Mörder und Räuber, mögen sie ein noch so ehrenwertes Leben führen. Ihre täuferische Gesinnung reichte.

Das betraf durch Herzog Georg von Sachsen (1471-1539) auch die Täufer von Halberstadt. Dessen Mandat vom Dezember 1534 ging in seiner Schärfe noch weit über das kaiserliche Mandat von 1529 hinaus. Er rief zur Verfolgung der „aufrührerischen Ketzerei der Wiedertäufer" auf. So verfügte er, dass man keinem, der solcher Ketzerei anhängig befunden, selbst wenn er widerruft, die verwirkte Strafe erlasse. Sie sollen alle getötet werden und ihre Güter verwirkt sein; sie sollen ersäuft werden, und wenn man kein geeignetes Wasser zur Hand habe, solle man sie mit dem Schwert richten. Auch sollen alle, die in irgendeiner Weise täuferisches Gedankengut befürworten oder täuferisches Handeln unterstützen, auch wenn sie selbst nicht getauft sind, hingerichtet werden.[19]

Eduard Jacobs bezieht sich ausdrücklich auf die Vorgänge in Halberstadt und verbindet die dort praktizierte Rechtsauffassung auch mit den Hexenverfolgungen:

„Sehen wir auf das von dem Kardinal gegen die Wiedertäufer in Halberstadt von ihrer Einkerkerung an bis zu ihrer Tötung durchgeführte Verfahren, so dürfen wir dasselbe nur vom Standpunkte der damaligen Zeit beurteilen. Diese verfuhr [...] gegen die Täufer

18 Ebd.

19 Vgl. *Jacobs* (s. Anm. 3), 438.

> mit äußerster Strenge, wie wir das an einem Herzoge Georg von Sachsen und dem Könige Ferdinand[20] sahen, die den Wiedertäufer härter als einen Malefizverbrecher bestraft wissen wollten und dawider ein Ausnahmeverfahren schufen, durch welches die Spättäufer ebenso wie die Hexen außerhalb des gemeinen Rechts gestellt wurden."[21]

Diejenigen, die die weltliche Macht auf ihrer Seite sahen, setzten diese gnadenlos gegen die Täufer ein. Die meisten Täufer ihrerseits verzichteten ausdrücklich auf Gewalt, mussten sie aber erleiden und über die folgenden Jahrhunderte weiterhin Unterdrückung und Benachteiligung hinnehmen. So erklärt sich bis in unsere Gegenwart das Ungleichgewicht zwischen sogenannten „großen" und „kleinen" Kirchen in Europa. Es ist kein Ergebnis von Überzeugungskraft sondern von Machtverhältnissen.

Die Selbsteinschätzung der Situation schildert ein altes Täuferlied, geschrieben von Leonard Schiemer, der später, 1528, enthauptet wurde. Hier die dritte und fünfte von sechs Strophen des Liedes[22]:

Wir schleichen in den Wäldern um,
Man sucht uns mit den Hunden,
Man führt uns als die Lämmlein stumm
Gefangen und gebunden.
Man zeigt uns an vor Jedermann
Als wären wir Aufrührer;
Wir sind geacht,
Wie Schaf zur Schlacht,
Als Ketzer und Verführer.

Man hat sie an die Bäum gehenkt,
Erwürget und zerhauen,
Heimlich und öffentlich ertränkt
Viel Weiber und Jungfrauen.
Die haben frei ohn' alle Scheu
Der Wahrheit Zeugnuß geben,
Daß Jesus Christ
Die Wahrheit ist,
Der Weg und auch das Leben.

---

20 Ferdinand I. (1503-1564), zu der Zeit Erzherzog von Österreich, König von Böhmen usw. Er war ein gnadenloser Verfolger der Täufer in Tirol.

21 *Jacobs* (s. Anm. 3), 458f.

22 Quelle: *Karl Kautsky*: Die Geschichte des Sozialismus in Einzeldarstellungen. Band I: Die Vorläufer des neueren Sozialismus. Von Plato bis zu den Wiedertäufern, Stuttgart 1895, 347.

3. Die Täufer nach den Bauernkriegen

Es gab wie schon angedeutet nicht nur die eine Täuferbewegung, sondern verschiedene Strömungen und Ausprägungen. Auch die Zürcher Täufergruppe allein lässt sich nicht als Ausgangspunkt für die verschiedenen Bewegungen historisch belegen. Vielmehr scheint es sich ähnlich zu verhalten wie bei verschiedenen Waldbränden, die sich fast gleichzeitig aber unabhängig voneinander entzünden, weil das Klima, die Wetterlage und der Bodenbewuchs dazu eine gemeinsame Voraussetzung bilden. Die damalige Zeit war offensichtlich reif für eine derartige Entwicklung in Kirche und Gesellschaft. Es bildeten sich aber verschiedene geographische Schwerpunkte der Bewegung,[23] einmal in der nördlichen Schweiz und Süddeutschland und zum anderen in Nordhessen, Sachsen und Thüringen (s. Grafik S. 24). Hier kann man spekulieren, ob die Nähe zu den reformatorischen Mittelpunkten Zürich und Wittenberg als „theologische Epizentren" befeuernd wirkten – zumal gerade ehemalige Mitarbeiter und Anhänger der Reformatoren eine Rolle spielten.[24]

Zwischen den verschiedenen Strömen ergab sich eine Vernetzung durch gegenseitige Besuche, durch Aufnahme Geflüchteter und damit auch einen befruchtenden Gedankenaustausch. Zwischen einigen Gruppen gab es auch einen Briefverkehr. Gerade der äußere Druck einerseits und die missionarischen Bemühungen andererseits bewirkten im 16. Jahrhun-

23 Goertz spricht vom „polygenetischen Ursprung täuferischer Bewegungen", in: *Hans-Jürgen Goertz*: Im Aufbruch der Reformation. Das Rechtfertigungsverständnis Thomas Müntzers und der Täufer, Bolanden-Weierhof 2023, 103.

24 Ehemalige Anhänger der Reformatoren waren auf der Seite Zwinglis: Andreas Castelberger, Simon Stumpf, Konrad Grebel, Felix Mantz, Wilhelm Reublin, u.a.; spätere Taufkritiker aus Luthers Umfeld waren: Nikolaus Storch, Markus Stübner, Thomas Müntzer, Andreas Bodenstein (genannt Karlstadt) u.a.

Verbreitung der Täuferbewegung in Mitteleuropa bis 1550

dert eine Verbreitung von den Niederlanden über Tirol bis nach Böhmen. Dabei ist zu bedenken, dass sich in den wenigen Jahren des Anfangs und der heftigen Verfolgung keine nennenswerten organisatorischen Strukturen herausbilden konnten.

Gerade weil es verschiedene ausgeprägte Strömungen gab, waren zwei bemerkenswerte Zusammenkünfte von Täufern dieser unterschiedlichen Gruppierungen sinnvoll. Die erste fand im Frühjahr 1526 in Augsburg statt. Eine zweite Synode folgte im August 1527, ebenfalls in Augsburg. Mehr als 60 Teilnehmer aus Deutschland, Österreich und der Schweiz waren angereist. Thüringen war noch nicht vertreten. Ihre Hauptaufgabe sahen die Teilnehmer in der Verständigung über Grundfragen (z.B. Gewalt oder Gewaltlosigkeit) und die Stärkung der missionarischen Verkündigung durch Aussendung von „Sendboten". Die Augsburger Märtyrersynode

> „stellt zugleich einen Höhepunkt und zugleich einen Wendepunkt dar in der Entwicklung des frühen Täufertums. Denn hier waren zum letzten Mal Täuferführer so unterschiedlicher Prägung in so großer Zahl zusammen. Nach Augsburg führte der Weg der täuferischen Gemeinden in Verfolgung und Martyrium, in Rückzug und Absonderung von der Welt."[25]

Der nachträglich entstandene Begriff „Märtyrersynode" begründet schon die geringe Wirkung auf eine dauerhaft engere Zusammenarbeit hin. Schließlich sind die meisten Teilnehmer kurz darauf hingerichtet worden.

3.1 Die Entwicklung in Mitteldeutschland

Schauen wir auf die Entwicklung im Wirkungsraum Franken, Thüringen und Nordhessen, so gewinnt die Täuferbewegung hier erst nach den Bauernaufständen und dem Tod Thomas Müntzers 1525 wesentlich an Bedeutung.

---

25 *Hans Guderian*: Die Täufer in Augsburg. Ihre Geschichte und ihr Erbe. Ein Beitrag zur 2000-Jahrfeier der Stadt Augsburg, Pfaffenhofen 1984, 44.

> „Dass Bauernkrieger später Täufer wurden, erstaunt nicht; zu anschlussfähig waren die Ideen. Die Vorstellung von einer gerechteren Gesellschaft, der frei verfügbaren göttlichen Gnade und der Aufwertung der Laien, aber auch die Idee vom nahen Weltende gaben den kämpfenden Bauern die Legitimation zum Handeln, lassen sich dann aber auch in den täuferischen Bewegungen finden unter gewaltlosem Vorzeichen."[26]

Täuferische Ansätze finden wir zwar schon früher, auch in Müntzers Theologie, obwohl er selbst nie (nach täuferischem Verständnis) getauft war. Aber nach dem Bauernkrieg zeigten sich als herausragende Täufer-Persönlichkeiten in dem genannten Bereich Hans Hut (~1490–1527) aus Heina, Hans Römer (†1535) aus Erfurt und Melchior Rinck (~1493–~1545), letzterer wahrscheinlich auch aus Erfurt. Alle drei beteiligten sich am Bauernkrieg und sympathisierten anfangs mit Müntzers apokalyptischen Weltveränderungsvorstellungen und deren gewaltsamer Durchsetzung. Aber die aufgewühlten Zeiten im Bauernkrieg mit dem Grauen herber Verluste und angesichts der Erfolglosigkeit gegenüber brutaler Macht und wohl auch nach Kontakten mit den Schweizer Brüdern, ließ viele Täufer sich besinnen auf ein gewaltfreies Erwarten des Gottesreiches. Es sollte nicht mehr erzwungen, sondern in Stille erwartet werden. Dazu wollte man sich zurückziehen, von der „Welt" absondern, ein stilles, ehrbares Leben führen, untereinander Gemeinschaft halten und füreinander sorgen.

3.1.1 Alexander

Ab 1529 spielt ein gewisser Alexander eine bedeutende Rolle. Von ihm wissen wir nicht einmal den Familiennamen, aber dass er ein Messner und Schulmeister in Esperstedt bei Frankenhausen war, das Neue Testament auf Latein zu lesen verstand und 1529 von Volkmar von Hildburghausen[27] getauft wurde, ist überliefert. Sein Hauptwirkungsgebiet lag in Thü-

---

26 *Astrid von Schlachta*: Täufer. Von der Reformation ins 21. Jahrhundert, Tübingen 2020, 37.

27 Vgl. *Wappler* (s. Anm. 4), 90.

ringens Norden und im Harz. Er war Witwer und stammte wahrscheinlich aus Stolberg im Harz, jedenfalls besuchter er dort häufig seinen Schwager Heinz Koch. Alexanders Wirken zeigte sich als besonders einflussreich sogar über seine Hinrichtung 1533 in Frankenhausen hinaus. Die Halberstädter Täufer zeigten sich theologisch durch ihn geprägt. Eduard Jacobs schreibt über ihn:

> „Dieser Alexander ist nun so sehr die Hauptfigur in der Täuferbewegung, ihr Haupturheber und Bindeglied, daß wir das größte Interesse haben, über seine Person und Lehre Näheres zu erfahren. Wohl reichte seine unmittelbare Wirksamkeit nur in den Südharz hinein und liegt auch, da sein Zeugentod ins Jahr 1532 [November 1533! [28]] fällt, gegen drei Jahre hinter den Geschehnissen im Nordharz zurück, [...] aber sein Gedächtnis, seine Person und Lehre sind bei den im Jahre 1535 verhörten und gerichteten harzischen Täufern so allgemein bekannt und geehrt, daß er unter ihnen allen dem Geiste nach mächtig fortwirkte."[29]

So vertrat Alexander in seinen Verhören klare theologische Positionen, die er zuvor offensichtlich auch in den vielen kleinen Täufergemeinden vermittelte.

Befragt zur Trinitätslehre verwies er auf das Apostolikum, an dessen Artikel sie als Täufer festhielten. Zur Kindertaufe, sie sei nutzlos, da sie ohne den persönlichen Glauben des Täuflings vollzogen würde. Außerdem sei sie keine „Pflanzung von Gott". Zum Vollzug der Taufe äußert er sich laut Protokoll ganz knapp: „Einer kniet nieder und bittet um Beständigkeit des Glaubens. Sonst gibt es keine Vorschriften (Satzung). Nur daß sie sich Gott ergeben und sollen der Obrigkeit, wenn sie nicht gegen Gottes Wort handelt, gehorsam sein." Das Abendmahl bestünde nur aus Brot und Wein, eine „Realpräsenz"

---

28 *Jacobs* (s. Anm. 3), 426. Zum Hinrichtungsdatum Alexanders gilt nach übereinstimmenden Forschungen: Mitte November 1533 in Frankenhausen durch Enthauptung, so *Wappler* (s. Anm. 4), 100; vgl. *Astrid v. Schlachta*, Täufer in Thüringen. Von wehrhaften Anfängen zur wehrlosen Gelassenheit, Jena 2017, 61.

29 *Jacobs* (s. Anm. 3), 426.

Christi sei eine menschliche Erfindung und nicht schriftgemäß, denn es heißt doch im Glaubensbekenntnis: „Er ist aufgefahren gen Himmel, sitzt zur Rechten Gottes, des allmächtigen Vaters." Darum könne er nicht im Brot und Wein vorhanden sein. Zur Ehe äußerte sich Alexander, sie sei kein Sakrament. Er handle nach 1. Korinther 7, habe selbst eine Frau gehabt und lebe nun „wie es sich für einen Witwer geziemt". Über die Gemeisamkeit der Güter: Einer hilft dem andern von seinem Vermögen. Niemand sei gezwungen, es steht jedem frei. Nach seinen Kontakten und Wirkungsorten befragt, äußerte er sich sehr zurückhaltend, wohl um niemanden zu gefährden.[30]

Mit seinen Ansichten war Alexander für die oft ungebildeten Anhänger der Täuferschaft im nördlichen Thüringen und Harzgebiet grundlegend prägend und informativ. Das lässt sich nachweisen in den vielen späteren Verhörprotokollen inhaftierter Täufer. Wappler beschreibt Alexander als „eine der edelsten Erscheinungen des Täufertums"[31].

3.1.2 Neue „Sendboten"

Durch Alexanders Hinrichtung und anderer führender Köpfe der Täufer war die Bewegung im nördlichen Thüringen und am Harz stark geschwächt. Die gnadenlose Verfolgung durch Herzog Georg vertrieb sie mehr und mehr aus der Öffentlichkeit. Das hieß aber nicht, dass sie ihrer Kontakte untereinander und ihrer Wirkung beraubt waren. Neue Personen gewannen an Bedeutung wie der Schneider Heinz Kraut aus Esperstedt oder Peter Reuße, Anna Reichard, Ottilie Klinkhart, Petronella, Georg Knoblauch und andere.

Anders als bei den Zürcher Täufern verfügte keiner von ihnen über eine bemerkenswerte Bildung. Deshalb ist es kaum verwunderlich, dass es auch nicht zu theologischen Disputationen wie in Zürich kam. Mit der Ausnahme des Landgrafen

---

30 Vgl. *Wappler* (s. Anm. 4), 348f.
31 Ebd., 100.

Philipp von Hessen[32] war seitens der Obrigkeiten wohl auch niemand daran interessiert, mit ihnen zu diskutieren. Luther und Melanchton hatten die theologischen Auseinandersetzungen mit Andreas Bodenstein (genannt Karlstadt), Nikolaus Storch, Markus Stübner und Thomas Müntzer sicher noch in schlechter Erinnerung.

Herzog Georg von Sachsen, Georg der Bärtige (Lucas Cranach d.Ä.)

Trotz ihrer inzwischen friedlichen Einstellung galten Täufer für die damalige (noch) katholische Obrigkeit weiterhin als gefährlich, widersetzten sie sich doch den kirchlichen und gesellschaftlichen Gepflogenheiten. Schon allein ihre Kinder nicht als Säuglinge zur Taufe zu bringen oder kirchliche Dogmen in Zweifel zu setzen, machte sie zu gefährlichen und bestrafungswürdigen Mitmenschen, die andere mit ihren Irrtümern ins Verderben reißen. Im Kernproblem galten die Täufer nicht vor allem als theologisch Irrende und als solche zu belehren, sondern die Obrigkeit sah in ihnen eine Gefahr für die gesellschaftlichen Verhältnisse und damit auch für die Einheit des Reiches. Ein nicht-konformes Denken und Verhalten trug – so der Verdacht – den Keim des Aufruhrs in sich. Man muss verstehen, dass im 16. Jahrhundert der Gedanke einer Trennung zwischen Religion und Staat[33] undenkbar schien. So war der Vorwurf des Aufruhrs unausweichlich. Der Kampf gegen die Täufer wurde geradezu existenziell aufgeladen. Er galt als Kampf gegen den Zerfall des Römischen Reiches deutscher Nation. Als gefährliche Untertanen mussten Täufer bekämpft und regelrecht ausgerottet werden.[34] Wenn man zu Recht vermuten kann, dass große Teile der Bevölkerung Thü-

---

32 Philipp von Hessen lud 1528 den Täufer und Griechisch-Lehrer Melchior Rinck auf das Jagdschloss Friedewald zu einer Unterredung ein. Vgl. *Wappler* (s. Anm. 4), 52.

33 Im Sinne eines *Corpus Christianums*.

34 Man kann regelrecht von einem „Ekklesiozit" sprechen.

ringens schon in den wenigen Jahren des Anfangs mit den Täufern sympathisierten[35], lässt sich die Furcht vor einer Destabilisierung des Reiches nachvollziehen.

Durch Herzog Georg von Sachsen wurde 1534 der Verfolgungsdruck auf die Täufer außergewöhnlich erhöht. Der Herzog war ein entschiedener Gegner reformatorischer Tendenzen. Im Jahr 1523 ließ er in seinem Land sämtliche Exemplare des Septembertestamentes Luthers konfiszieren. Stattdessen beauftragte er eine „rechtgläubige" Übersetzung. Sein Bestreben entsprach dem Ziel der Ausrottung[36] aller Täufer. Er forderte nicht nur die obrigkeitlich Zuständigen, sondern alle Untertanen seines Landes auf zur Verfolgung

> „der schrecklichen und aufrührerischen Ketzerei der Wiedertäufer die nicht alleine die christliche und selige kinderteuff, sondern auch alle oberkeit und guthe policey zu stören und auszuroden und menschliche und bei allen nation auch unter den Heyden und Türken, unerhörte sachen yhnen fürgenommen."[37]

Das Mandat Herzog Georgs von Sachsen überstieg in seiner Schärfe noch frühere Mandate in Deutschland. Der dadurch verstärkte Druck auf die Täuferbewegung erfolgte sicher als Reaktion auf deren zunehmende Ausbreitung trotz aller Gegenmaßnahmen. Die Verschärfung kommt auch darin zum Ausdruck, dass selbst solche Gefangenen, die – unter schwerer Folter! – dem Täufertum abschwören, trotzdem hinzurichten seien. Er verfügte, dass keinem dieser Ketzer, wenn er widerruft, die verdiente Strafe erlassen werden soll, sondern sie sind hinzurichten und ihre Güter einzuziehen.[38] Glücklicherweise ist das nicht immer befolgt worden, aber der Druck war enorm.

---

35 So *Astrid von Schlachta* im Vorwort bei *Ulrike Arnold*: Auf den Spuren der Täuferbewegung in Thüringen, Bolanden-Weierhof 2022, 5.

36 Wörtlich „gestraft und ausgerodet" in seinem Schreiben an Amtmann Philip von Reibitzsch in Sangerhausen am 24. September 1535 (DA Loc. 10328 Bl. 205).

37 *Jacobs* (s. Anm. 3), 438.

38 Vgl. Ebd.

„Indem der Herzog so den Wiedertäufern in seinem Lande auf alle Weise nachstellen ließ, auch die durch Lehnsverhältnis von ihm abhängigen Harzgrafen zu gleicher Verfolgung anhielt, wurden die Täufer gezwungen, ihre Ueberzeugung geheim zu halten oder sich in das Dunkel der Wälder oder an entlegene wüste mit Gehölz bewachsene Stätten zurückzuziehen."[39]

Verbunden damit waren nächtliche Versorgungstouren, um den in den Verstecken lebenden Täufern Lebensmittel und Kleidung zukommen zu lassen. Diese heimlichen Treffen dienten nicht nur der gegenseitigen Hilfe, sondern auch der gemeinsamen Stärkung im Glauben. Neben diesen Versteckmöglichkeiten ließ der lebensbedrohliche Verfolgungsdruck der Herrschenden etliche Täufer an eine Auswanderung nach Mähren denken,

„dem gelobten Lande der Gewissensfreiheit, dem Paradies der Taufgesinnten, weil hier dank den besonderen ständischen und staatsrechtlichen Verhältnissen Andersgläubige nicht mit dem Tode bedroht wurden, während das Land durch den Fleiß und die Zuverlässigkeit der Wiedertäufer zu Wohlstand und Blüte gelangte."[40]

Auch ein Ausweichen nach Hessen schien möglich. Dort regierte der als liberal geltende Philipp von Hessen (1504-1567). Ebenso galt es als Möglichkeit, sich unerkannt in städtischer Umgebung eine Bleibe zu suchen. Bevorzugt zählten dazu vor allem die Städte Sangerhausen und Halberstadt im Harzumland. Aber weder in ihren schwer zugänglichen Verstecken im Harzgebirge noch in den Harzstädten konnten sich Anhänger der Täuferbewegung einigermaßen sicher fühlen. Nicht nur die Obrigkeit machte Jagd auf sie. Es galt durch Herzog Georg für Jedermann die Pflicht, Täufer den Behörden anzuzeigen, um selbst einer Strafe zu entgehen. Oben-

39 Ebd., 439.

40 Ebd., 439. Leider hatte diese Einschätzung seitens der dortigen Obrigkeit keinen Bestand nachdem die Ereignisse von Münster 1535 bekannt wurden.

drein konnte man sich durch Denunziation sogar noch bereichern.

„Auch nichtgerichtliche Personen sollen dazu helfen, daß die der Wiedertäuferei verdächtigen Personen gefangen werden. Wer sich hierbei lässig zeigt, soll bestraft, wer sich dagegen bei der Verfolgung auszeichnet, soll mit dem dritten Teil des beschlagnahmten Guts der Gerichteten belohnt werden."[41]

3.1.3 Georg Knoblauch

Zu einer der Personen, die mehr und mehr in Nordthüringen, dem Harz und Halberstadt an Bedeutung gewannen, gehörte Georg Knoblauch, ein Schieferhauer. Er stammte zwar aus Eisleben,[42] war nun aber in Emseloh ansässig. Dort bekam er 1533 erste Kontakte mit Täufern. Knoblauchs Frau, Gretha Wedekind, hatte er schon als Witwe mit drei Kindern geheiratet. Ihr erster Mann kam in den Bauernkriegen in der Schlacht um Frankenhausen 1525 zu Tode. In Emseloh gab es eine rege Täufergruppe. Dazu gehörten die predigenden Sendboten, zuerst Alexander und nach dessen Hinrichtung 1533 später Peter Reuße und Heinz Kraut aus Esperstedt. Sie überzeugten Knoblauch, „sich von der Kirche fernzuhalten und „wenn ihm Gott ein Kind beschere, es nicht taufen zu lassen"[43]. Da sich in Emseloh recht viele Täufer versammelten, wurde die Obrigkeit auf sie aufmerksam und es kam zu umfangreichen Verhaftungen. So gerieten auch Knoblauch und seine Frau im März 1534 in Gefangenschaft. Sie saßen in Sangerhausen ein. Da Knoblauch noch nicht getauft war, konnte er sich durch Widerruf einer Hinrichtung entziehen. Seine Frau Gretha jedoch blieb in den Verhören hartnäckig und erlitt im April 1534 den Tod durch das Schwert. Sie hinterließ drei Kinder, davon zwei Erwachsene und eine Zehnjährige.

---

41 Zit. nach *Jacobs* (s.Anm. 3), 438; entsprechend des Codex Augusteus in der Großen Sächsischen Gesetzessammlung I, 433-436.

42 Vgl. ebd., 444.

43 *Wappler* (s. Anm. 4), 107.

Ihre Hinrichtung in Sangerhausen[44] erregte großes Aufsehen. Gretha verlor auf dem Weg zur Richtstätte nicht die Fassung, sondern erklärte den Umstehenden, sie müsse um des Wortes Gottes Willen sterben und habe niemandem etwas zuleide getan. Sie bekam zum Verdruss der Kirchenleute viel Zuspruch für ihren Mut, sodass in nachfolgenden Kanzelansprachen die Priester Mühe hatten, dem entgegenzuwirken.[45]

Nach seiner Entlassung aus dem Gefängnis im August 1534 suchte Knoblauch wieder den Kontakt zu den Täufern in Emseloh. So kam es dazu, dass er sich im eigenen Hause am 6. Oktober 1534 mit zusammen seinem ehemaligen Knecht Adrian Richter von Heinz Kraut taufen ließ.[46] Vier Wochen später taufte Heinz Kraut auch die erwachsenen Stiefkinder Knoblauchs. Georg Knoblauch selbst heiratete erneut. Über die Vorgeschichte seiner zweiten Frau, Anna Scheidemantel, wissen wir wenig, lediglich dass sie schon Witwe war.

Da sich der Ort Emseloh weiterhin als bedeutsamer Treffpunkt für Täufer entwickelte, drohte erneut eine Verhaftungswelle durch die Obrigkeit. Deshalb musste das Ehepaar Knoblauch im Februar 1535 Haus und Hof verlassen und fliehen. Mit ihnen Knoblauchs früherer Knecht Adrian Richter mit dessen Frau. Adrian Richter war wie Knoblauch Schieferhauer. Diese Flucht führte nach Halberstadt.

---

44 Ebd., 109. Andere sagen, es sei „im nahegelegenen Nordhausen" (40 km entfernt!) geschehen: so *Astrid von Schlachta* (s. Anm. 28c), 65, Anm. 111. Das beruht auf einer offensichtlich irrtümlichen Verhöraussage durch Anna Scheidemantel am 13. September 1535 (dort nach *Jacobs*, 111).

45 Vgl. *Wappler* (s. Anm. 4), 109 und 393.

46 Ebd., 116f.

4. Zufluchtsort Halberstadt

Als Zufluchtsort schien Halberstadt geeignet, denn hier erregten bisher keine Täufer Aufsehen und Knoblauch und seine Mitgenossen waren niemandem in der Stadt bekannt. So mieteten sie sich gemeinsam im Februar/März 1535[47] in einem kleinen Häuschen „In den Weiden" hinter dem Halberstädter Dom ein. Die Vermieterin dieses „Pfaffenhäuschens", Frau Gebike, schien die Neuankömmlinge zu akzeptieren, weil es „fromme Leute" waren.[48]

Zu den weiteren Bewohnern gehörten neben Knoblauch und seiner schwangeren Frau Anna Scheidemantel noch Adrian Richter mit seiner Frau, ebenso ab Ostern 1535 Hans Höhne mit seiner ebenfalls schwangeren Frau Gretha. Welche Kinder noch zu den Bewohnern gehörten, ist anfangs nicht erwähnt. Allerdings ist im weiteren Verlauf von sechs kleinen Kindern die Rede.[49] Die Schwangerschaft zweier Frauen allein war schon ein Grund, eine sichere Bleibe zu suchen und zu haben. Allerdings gesellten sich immer wieder neue Mitbewohner und häufige Besucher dazu:

---

47 *Wappler* (s. Anm. 4), 118.
48 *Jacobs* (s. Anm. 3), 517.
49 Vgl. ebd., 449 und 509.

„Selbst aus dem Waldversteck des Schraubensteins[50] begeben sich nur wenige Wochen nachdem die Wohnung in Halberstadt gemietet ist, ein Christoph Thalacker aus Riestedt und Georg Möller aus Meißnerland in Gebikes Häuschen."[51]

Den Lebensunterhalt verdiente sich die Gemeinschaft mit der Produktion von Strohhüten und durch Tagelöhnerarbeit in der Umgebung zum Beispiel als Holzhacker und Maurer.[52]

Über die Beschaffenheit des angemieteten Hauses gibt es keine näheren Informationen. So bleibt unklar, wie so viele Personen darin zusammenleben konnten. Schließlich kommt noch hinzu, dass die Bewohner des Pfaffenhäuschens häufig Besucher aufnahmen und generell zu einem Treffpunkt und Gottesdienstort der Täufergemeinschaft des ganzen Harzgebietes wurde. Eduard Jacobs fasst zusammen:

„Diese bescheidene versteckte Stätte war nun etwa ein halbes Jahr lang der Mittelpunkt und Zufluchtsort aller taufgesinnten Brüder und Schwestern am Harze."[53]

Für Anfang Juli 1535 ist von einer Versammlung mit insgesamt 18 Personen „in Knoblauchs Behausung zu Halberstadt" die Rede.[54] Manchmal werden es sicher mehr gewesen sein.

4.1 Halberstadt als Sammelpunkt

Dass die Gruppe in Halberstadt für die Täufer in Nordthüringen und dem Harzgebiet bedeutsam war, zeigt sich an dem regen Austausch mit Besuchern. Halberstadt entwickelte sich

50 Der Schraubenstein lag nördlich von Riestedt und Emseloh, 56 km von Halberstadt entfernt!

51 *Jacobs* (s. Anm. 3), 444.

52 Vgl. ebd.

53 Ebd., 510.

54 Vgl. *Wappler* (s. Anm. 4), 128.

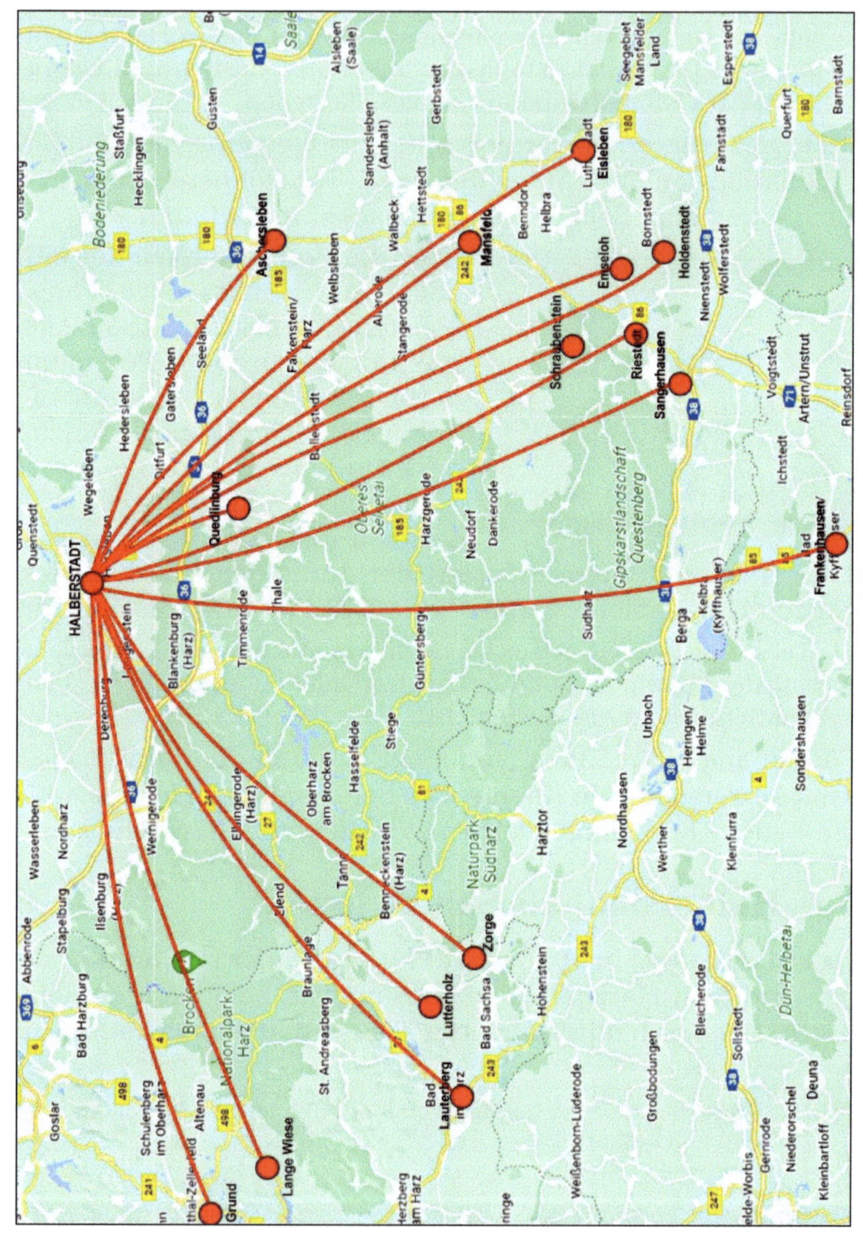
HALBERSTADT
Quedlinburg
Aschersleben
Mansfeld
Eisleben
Emseloh
Holdenstedt
Schraubenstein
Riestedt
Sangerhausen
Bad Frankenhausen/
Zorge
Lutterholz
Bad Lauterberg
Lange Wiese
Grund

zu einem Zufluchtsort. So kam häufig aus Lauterberg Martin Herzog, Anna Richter, Anna Reichard und Hermann Gereume, sowie Knoblauchs Stiefsohn Hans Wedekind. Auch der Sendbote der Täufer, Heinz Kraut, fand sich oft ein.[55] Bei Petronella können wir kaum unterscheiden, ob sie Besucherin oder Mitbewohnerin war.

Die Besuchernamen verbinden sich wiederum mit Ortschaften, in die das Wirken der Halberstädter ausstrahlte und umgekehrt (s. Grafik). So werden in den Akten folgende Orte genannt: Lauterberg, Grund, Lange Wiese (Harzversteck), Lutterholz, Zorge, Frankenhausen, Sangerhausen, Riestedt, „Schraubenstein" (Harzversteck zwischen Riestedt und Emseloh), Emseloh, Eisleben, Mansfeld, Aschersleben, Quedlinburg.

Eduard Jacobs wertete Akten über die Täufer im Nordharz aus und schreibt über die Herkunft letzterer:

> „Der Herkunft nach gehören unsere ‚Gottesfreunde' meist dem südlichen und südöstlichen Harze an; Knoblauch und Heune [Höhne] sind von Walhausen und Eisleben gebürtig. Adrian Henkel [Richter] ist in Mansfeld zu Hause, die Petronella lebte 1530 zu Holdenstedt; geschlossene Kreise ihres Anhangs finden wir zu Riestedt und Emseloh, ihrer keiner stammt vom Nordharze. Doch nicht bloß auf die örtliche Herkunft kommt es zumeist an, sondern auf die Personen und Einflüsse, durch welche die Leute am und vor dem Harz für das Täufertum gewonnen wurden."[56]

Die Grafik zeigt, dass die Orientierung hauptsächlich nach Süden weist. Das liegt nachvollziehbar an der Herkunft der Halberstädter Täufer in Thüringen und dem Südharz. Sie pflegten und förderten die alten Kontakte, die ursprünglich sogar bis ins Hessische reichten. Von missionarischen Aus wirkungen nach Norden, z.B. nach Braunschweig, ist nichts

---

55 *Jacobs* (s. Anm. 3), 118.
56 Ebd., 466.

aktenkundig.[57] Aber in Richtung Sangerhausen, Frankenhausen und Mühlhausen versuchten sie, für ihre Sache zu werben.[58] Der Westharz diente teilweise als einigermaßen sicherer Rückzugsort. Nur hier wird auch braunschweigisches Herrschaftsgebiet berührt.

Dass Halberstadt zum Sammelpunkt auch für Täufer aus dem Südharz wurde, ist schon aufgrund der Entfernungen und Reisezeiten bemerkenswert. Es zeugt von der Bedeutung Halberstadts und vor allem Georg Knoblauchs.

> „Trotz seiner niederen Handwerks- und Tagelöhnerarbeit nahm Knoblauch in dem kleinen Häuflein der Täufer in Halberstadt eine angesehene Stellung ein. Zu ihm, dem Geliebten Gottes, gehen Christoph Thalcker, Georg Möller und Hans Birkhan von Riestedt, um das göttliche Wort zu hören, was er denn auch ihnen und dem Hans Heune [Höhne] predigt. Ebenso zieht von Riestedt zu ihm Hans Hesse, um sich das göttliche Wort predigen zu lassen."[59]

Die Funktion als Sammelpunkt hatte natürlich zur Folge, dass im Pfaffenhäuschen Gottesdienste, Taufen und Abendmahlsfeiern stattfanden. Versammlungen mit bis zu 18 Personen, sind schon als aktenkundig erwähnt. Leider erfahren wir hauptsächlich durch Verhörprotokolle – oft unter Folter entstanden – was sich bei diesen Zusammenkünften abspielte und welche Vorstellungen die Beteiligten damit verbanden, wenn es um ihre Zusammengehörigkeit, um Taufe, Abendmahl usw. ging. Dazu nachfolgend einige Einblicke.

---

57 Für das Herzogtum Braunschweig ist nur ein etwas undurchsichtiger Fall bekannt. Der ehemalige Bürgermeister von Lübeck, Jürgen Wullenwever, wurde in Wolfenbüttel unter dem Vorwurf oder Vorwand, Wiedertäufer zu sein, am 24. September 1537 vom Hohen Gericht am Lechlumer Holz durch das Schwert hingerichtet; sein Körper wurde geviertteilt – ein Fall, der auch in die Literatur einging. Quelle: wikipedia: „Jürgen Wullenwever".

58 Vgl. *Wappler* (s. Anm. 4), 124.

59 *Jacobs* (s. Anm. 3), 448.

4.2 Gottesdienste und Gemeinschaft

Aus den Protokollen lässt sich rekonstruieren, was bei den Treffen und Gottesdiensten geschah.[60] Dabei sollte die Geheimhaltung möglichst gewahrt bleiben. Türen und Fenster im Pfaffenhäuschen waren geschlossen. Außer einem Gemurmel drang kaum etwas nach außen. Das Gebet spielte eine besondere Rolle. Sogar nachts gab es für die Anwesenden regelmäßige Gebetszeiten. Sie lobten Gott und beteten um rechte Erkenntnis für die noch Ungläubigen. Das Vaterunser galt als Hauptgebet und wurde mit Textänderungen versehen. Statt „Unser täglich Brot gib uns heute" hieß es „das wahrhaftige Brot, ein ewiges Wort gib uns heute". Eine Abwandlung erfuhr auch das Glaubensbekenntnis durch „gelitten unter dem Bunde Pilati"[61]. Das bezog sich auf gemeinsame Sache, dem „Bund", der Priester mit Pilatus.

Untereinander redeten sie sich als „Bruder" und „Schwester" an, selbst zwischen Eheleuten und zwischen Eltern und den Kindern. Sie verstanden sich als eine Bruder- und Schwesternschaft der „Geliebten Gottes". Das war ihnen wichtiger als familiäre Bindungen. Petronella, von der noch die Rede sein wird, ist ein Beispiel dafür.

Sie begrüßten sich untereinander mit „Der Friede des Herrn sei mit dir!" Zum Abschied hieß es: „Ich befehle dich dem ewigen Gott, dass du dich nicht rühmen, dich allein Gott ergeben und seinen Willlen tun sollst."[62] Angesichts der kurzen Lebenserwartung von Täuferanhängern hatten Abschiede etwas Ergreifendes, „war es ihnen doch dabei stets zu Mute wie Schlachtschafe, die zur Fleischbank geführt würden."[63]

Wenn jemand des Lesens kundig war, spielten Textlesungen aus dem Neuen Testament eine Rolle. Das war sicher das

60 Vgl. *Wappler* (s. Anm. 4), 119.
61 *Jacobs* (s. Anm. 3), 504.
62 *Wappler* (s. Anm. 4), 122.
63 *Jacobs* (s. Anm. 3), 524.

sogenannte „Septembertestament" Luthers, denn es hatte damals schnell eine weite Verbreitung gefunden. Gerade unter Täufern war es beliebt, weil es für sie zur biblischen Orientierung besonders bedeutsam war.

Angemessen schien unter den „Geliebten Gottes" auch ein bescheidenes Auftreten in der Schlichtheit ihrer Kleidung. Das mag bei den Einkommensverhältnissen unproblematisch gewesen sein. Bekannt ist von Georg Möller, dass er seinen roten Rock nachträglich schwarz färben ließ, um keinen Anstoß zu erregen.[64]

Die Wohnsituation in Halberstadt lässt eine Gütergemeinschaft vermuten. Der Anschein mag stimmen, aber es ging wohl eher um einen solidarischen Umgang mit Besitz. „Es sind ihnen alle Güter gemein. Wer mehr hat teilt mit den anderen, denn unter den Kindern Gottes soll es alles gleich geteilt sein mit ihren Gütern."[65] Aus seinen Verhörprotokollen ist bekannt, dass Georg Knoblauch über die Hutterer in Mähren mit ihrer Gütergemeinschaft Kenntnis hatte und dafür auch Sympathien empfand.[66]

Interessant ist, aus den Verhörprotokollen zu erfahren, welchen Bildungsstand die Befragten hatten und wie sie von der Bibel her argumentierten. Schließlich waren es fast durchweg sehr einfache Leute. Nur wenige konnten wirklich lesen und schreiben und sie verfügten kaum über eine eigene Bibel oder ein Neues Testament. Es ist erstaunlich, dass ihre Bibelkenntnis sie trotzdem in die Lage versetzte, das, was sie glaubten und lebten, auch von der Schrift her in den Verhören begründen zu können. Sie waren so gesehen also keine theologischen Analphabeten. Davon ist sicher vieles der „mündlichen Überlieferung" geschuldet, die hauptsächlich durch die täuferischen Sendboten geschah. Der Schulmeister Alexan-

---

64 *Wappler* (s. Anm. 4), 121, Anm. 5.
65 *Jacobs* (s. Anm. 3), 524.
66 Vgl. *Wappler* (s. Anm. 4), 122.

der, von dem schon die Rede war, hat mit Sicherheit für eine gute Grundlage gesorgt, auf die andere aufbauen konnten

4.3 Taufe

In den Versammlungen wurden natürlich auch Taufhandlungen vorgenommen, allerdings anders als wir das aus späteren Zeiten und Ausprägungen kennen.

> „Durch rechtschaffende Buße und Hingabe an Gott wird man Bruder und Schwester, aber besiegelt wird der Bruderbund durch die Taufe. [...] Von einer Wiedertaufe wollen die Brüder nichts wissen, sie kennen nur eine Taufe, denn die Kindertaufe [...] lassen sie nicht gelten. Sie taufen ein damit in ihre Gemeinschaft aufgenommenes Glied erst dann, wenn es unterrichtet ist und den Glauben fassen kann."[67]

Taufe durch einen Täufersendboten.
Federzeichnung eines unbekannten niederländischen Künstlers.

Täufer waren in der Regel die reisenden Sendboten wie z.B. Heinz Kraut, der viele der „Halberstädter" taufte. Diese Männer hatten schon Erfahrung mit den verstreuten Täufergruppen und allerlei Verfolgungssituationen hinter sich. Sie vermochten auch lehrmäßig den Glauben anderer zu stärken. Vor allem genossen sie das Vertrauen der Gemeinschaft. So galt auch Georg Knoblauch als „die Seele der harzischen und halberstädtischen Täufer"[68]. Eine Ämterhierarchie hätte aber in der Täuferszene einen abwegigen Widerspruch bedeutet.

---

67 *Jacobs* (s. Anm. 3), 469.
68 Ebd., 467.

In der Regel bat der Täufling darum, getauft zu werden. Das begründete er mit seinem Bekenntnis des Glaubens. Zum schlichten Ablauf gehörte die Lesung der Johannestaufe aus dem Neuen Testament und weiter heißt es:

> „Der Täufer goß [...] den Täuflingen Wasser auf den Kopf und taufte sie im Namen Christi. Gewöhnlich war noch die dreimalige Benetzung der Stirn mit Wasser und die gleichzeitige Taufe im Namen des Vaters und des Sohnes und des Heiligen Geistes.[69]

Die Ablehnung der Kindertaufe war stets damit begründet, dass die Bibel sie nicht lehre, es seien nur Erwachsene getauft worden und Johannes habe die Taufe auch nur an denen vollzogen, die Buße getan hätten. Die Erbsündenlehre galt bei ihnen als menschliche Erfindung. Kinder würden rein geboren. „Gott habe dem Teufel nicht soviel Gewalt gegeben, dass er sich eines unschuldigen Kindes bemächtigen könne."[70]

4.4 Abendmahl

Die leibliche Gegenwart Christi im Abendmahl (Realpräsenz) war den Täufern nicht nachvollziehbar, hat doch Christus nur schlicht Brot verteilt, schließlich stand er leibhaftig dabei. Wie könnte er dann gemeint haben, das von ihm verteilte Brot sei wirklich sein Leib?

> „Wenn der Pfaffe im Abendmahl das Brot aufhebe, so seien zwar unter dem Brote Blut und Fleisch da, aber das seien nur des Pfaffen Hände."[71]

Die zeichenhafte Deutung von Brot und Wein war für die Täufer in Übereinstimmung mit den Zürcher Reformatoren naheliegender. Sie deuteten das Brot aber darüber hinaus symbolhaftig für ihre eigene Jesusnachfolge:

> „Wie das Weizenkorn viel leiden muß, ehe es zu Brot wird, so müsse auch ein Jünger Christi viel leiden, ehe er ein rechter Christ

---

69 Ebd., 122f.
70 Ebd., 473.
71 Ebd., 402.

> werde. Daher wollten sie auch mit dem Genusse des Abendmahls bezeugen, daß sie bereit seien, Christo bis in den Tod Gehorsam zu leisten und um seinetwillen alles, Haus, Hof, Ehre, Gut, Weib und Kind, ja selbst das Leben, wenn es sein müßte, dahinzugeben."[72]

Die ständige Nachfrage in den Verhören nach dem Sakramentsverständnis der Täufer zeigt die „Ungeheuerlichkeit" täuferischen Denkens für die Obrigkeit.

Zum Ablauf der Abendmahlsfeier erfahren wir:

> „Sie nehmen Brot und schneidens in Wein; nimmt ein jeder ein Stück und brichts, essen und trinken also in den Tod Christi, damit bezeugend, daß sie auch wie Christus zum Tode und Leiden bereit sein wollen."[73]

4.5 Ehe und Familie

Petronella, eine bemerkenswerte Frau,[74] gehörte offensichtlich zu den besonders häufigen Dauergästen in der Lebensgemeinschaft des Pfaffenhäuschens. Sie war die Frau eines Bäckers in Holdenstedt, Lucas mit Vornamen. Ihren Familiennamen kennen wir nicht. Sie trennte sich von ihrem Mann, weil er dem täuferischen Glauben ablehnend gegenüberstand. Trotzdem ließ sie sich nicht von ihm scheiden, praktizierte aber ihre Ehe nicht mehr. Hier liegt auch ein recht enges Ehe- und Familienverständnis der Täufer zugrunde entsprechend 2. Korinther 6,14: „Zieht nicht am fremden Joch mit den Ungläubigen. Denn was hat die Gerechtigkeit zu schaffen mit der Ungerechtigkeit. Was hat das Licht für Gemeinschaft mit der Finsternis?" Darin war Petronella konsequent im damals gängigen täuferischen Verständnis von Gläubigen und der „Welt", von der man sich fernhalten sollte. Sie ginge nur zu ihrem

---

72 *Wappler* (s. Anm. 4), 124.
73 *Jacobs* (s. Anm. 3), 523.
74 Vgl. *Marion Kobelt-Groch*: Aufsässige Töchter Gottes. Frauen im Bauernkrieg und in den Täuferbewegungen, Frankfurt a. Main/New York 1993.

Mann zurück, „er habe sich denn bekehrt und [sich] in diesen ihren Glauben ergeben"[75]. Das war eine verbreitete, aber nicht generell von allen Täufern vertretene Haltung.

Grundsätzlich scheint es zwei verschiedene Vorstellungen unter den Täufern gegeben zu haben. Die eine besagt, man solle als Mann und Frau zusammenbleiben „um Unzucht zu vermeiden"[76] Andere vertraten wie Hermann Gereume, ähnlich auch Petronella, die Auffassung, sich zu trennen, wenn beide nicht glaubensmäßig übereinstimmen.

> „Ein Schaf könne nicht bei einem Wolf sein. Wenn daher einer ein Weib habe, das nicht seines Glaubens sei und sich auch nicht bekehren lassen wolle, so solle der Ehemann die Macht haben, es zu verlassen und sich einem andern zu vertrauen."[77]

Bemerkenswert sind auch Anna Reichard und der eben zitierte Hermann Gereume. Beide lebten im Lutterholz bei Lauterberg. Das war ein Täuferversteck auf braunschweigischem Gebiet.[78] Beide gehörten schon seit langem zur Täufergemeinde. Anna Reichard war Witwe und stammte aus der Umgebung von Koburg. Hermann Gereume kam aus dem thüringischen Schmalkalden, war dort 22 Jahre verheiratet, hatte mit seiner Frau 15 Kinder, von denen nur vier überlebten. Weil seine Frau sich nicht für die täuferischen Ansichten öffnete, brachte er sie zurück zu ihrem Vater nach Kleinschmalkalden und zog davon. Anna lernte er im Lutterholz kennen. Seitdem lebten sie in ehelicher Gemeinschaft.[79] Beide gehörten zu den häufigen Besuchern in Halberstadt, ohne dass dieses Paar in irgendeiner Weise als Sonderfall betrachtet wurde, obwohl die Täufer allgemein für strenge ethische Vorstellungen bekannt waren.

---

75 *Jacobs* (s. Anm. 3), 515.

76 Vgl. *Wappler* (s. Anm. 4), 161.

77 Ebd.

78 Neben Anna Reichard und Hermann Geräume lebten dort noch Martin Herzog, Adrian Richter, der ehemalige Knecht Knoblauchs, dessen Ehefrau und Knoblauchs Stiefsohn Hans Wedekind.

79 Vgl. *Wappler* (s. Anm. 4), 115f.

Zu den bemerkenswerten Besonderheiten in der Halberstädter Täufergemeinde gehört die für uns ungewöhnliche Verheiratung der zwölfjährigen Stieftochter Knoblauchs, Anna, mit Heinrich Möller. Beide gingen anschließend nach Eisleben.[80] Lediglich den Verhörprotokollen können wir entnehmen, dass diese Eheschließung – noch dazu ohne Priester – für die Verhörer als ungewöhnlich vermerkt wurde.[81]

5. Sommer und Herbst 1535

5.1 Geburt, Kündigung und Umzug

Die Bewohner des Pfaffenhäuschens hinter dem Dom hätten sicher noch recht lange dort bleiben können, wenn nicht ein bestimmtes Ereignis unaufhaltbar auf sie zugekommen wäre. Zwei der Bewohnerinnen, Gretha Höhne und Knoblauchs Frau, Anna Scheidemantel, waren schwanger. Gretha Höhne gebar ihr Kind am 10. August 1535. Bis dahin mögen die Bewohner des Pfaffenhäuschens trotz ihrer Besonderheiten als einigermaßen akzeptabel gegolten haben. Aber als die Vermieterin mitbekam, dass das Neugeborene nicht zur Taufe gebracht wurde, stellte sie die Mutter zur Rede. Sie wird die Antwort erhalten haben, die die Mutter auch im späteren Verhörprotokoll äußerte: „Was soll ich an diesem Kind taufen lassen? Es kann ja nicht glauben." Einwand des später Verhörenden laut Protokoll: „Wenn es schon nicht glauben kann, sollte es deshalb ungetauft bleiben?" Antwort von Gretha Höhne: „Wer da glaubt und getauft wird, der soll selig werden."[82]

Frau Gebike, die Vermieterin, hatte nun selbst ein Problem. Sollte sie die unterlassene Taufe verschweigen oder anzeigen? Die Strafandrohung des Kardinals Albrecht war jeden-

80 Ebd., 127.
81 *Jacobs* (s. Anm. 3), 517.
82 Ebd., 510.

falls eindeutig und galt allen, die derartiges erfuhren. Zunächst machte sie Druck mit der Terminforderung, das Kind in zwei oder drei Tagen taufen zu lassen. Andernfalls, so machte sie ihren Mietern klar, müssten sie sich unter diesen Umständen ein neues Quartier suchen. So vermied Frau Gebike eigenen Ärger und gleichzeitig war sie keine Denunziantin. Aber die Gemeinschaft musste sich nun eine neue Bleibe suchen und wurde auch fündig.

Der Umzug erfolgte am 10. September 1535.[83] Zum neuen Zuhause wurde eine leerstehende Häusergruppe am Rande Halberstadts. Es handelte sich um den „Grauen Hof". „Graue Höfe" gibt bzw. gab es in vielen Städten. In der Regel waren es stadtnahe Zweigstellen von entfernter liegenden Klöstern, grau wegen der farblosen Kutten der Mönche. Ursprünglich gehörte der Halberstädter Graue Hof dem Zisterzienser-Kloster Michaelstein am Harzrand bei Blankenburg. Im Zuge der reformatorischen Unruhen, besonders der Bauernkriege, erlitt das Kloster Michaelstein das gleiche Schicksal wie es vielen anderen Klöstern seiner Zeit erging. Am 10. Mai 1525 überfielen, plünderten und zerstörten aufständische Bauern einen Teil der Klostergebäude. Die Bauern ruinierten die Klosterkirche. Bildnisse und Darstellungen fielen ihnen zum Opfer. Den Mönchen blieb nur die rechtzeitig rettende Flucht auf die Heimburg bei Blankenburg. Das Kloster Michaelstein wurde aufgelöst und somit stand auch der Graue Hof leer.[84]

Grauer Hof heute

83 Ebd., 447.

84 Quelle: wikipedia: „Kloster Michaelstein".

Wahrscheinlich war die neue Behausung geräumiger als das Pfaffenhäuschen. Aber nach zehn Jahren Leerstand war es sicher recht verwahrlost.

5.2 Verhaftungen und Verhöre

Das Treiben der neuen Bewohner im Grauen Hof muss wohl schon bald die Aufmerksamkeit der Obrigkeit auf sich gezogen haben. So berichtete der Stiftshauptmann Heinrich von Hoym schon vier Tage nach dem Umzug am 14. September an Kardinal Albrecht von Beobachtungen über die neuen Bewohner, dass

> „...an uns Berichte gelangten, dass sich zu Halberstadt auf dem Grauen Hofe (der dem Kloster Michelstein zugehörte) etliche Wiedertäufer aufhalten und zeitweilig andere zu den Versammlungen kommen."[85]

Ergänzend berichtete der Halberstädter Offizial Heinrich Horn, ebenfalls am 14. September, an den Kardinal Albrecht über die Leute im Grauen Hofe und bittet ihn, wohl ahnend, was sich hier anbahnen könnte, nicht die Todesstrafe an ihnen vollziehen zu lassen.[86]

Dabei bezog er sich einmal auf Frau Gebike, die bisherige Vermieterin. Die der Täufergruppe bescheinigt, „fromme Leute" zu sein, sie feierten Gottesdienste, beteten viel und bekamen häufig Besuch von Leuten, die keine Bürger seien.[87] Aber die Fürsprache des Offizials hatte wohl eher einen Grund in seiner Aufgeschlossenheit gegenüber reformatorischen Einflüssen.[88]

Weiter berichtet Heinrich Horn über die kürzliche Geburt eines Kindes, das heimlich ungetauft blieb und über die Vorhaltungen durch die Vermieterin. Daraufhin sei der Umzug in den Grauen Hof erfolgt. Das dortige Treiben schilderte er

---

85 *Jacobs* (s. Anm. 3), 515.

86 Vgl. ebd., 516-518.

87 Ebd., 517.

88 Siehe hierzu Seite 59f.

und erwähnte die vielen Besucher, dabei auch die Verheiratung der sehr jungen Anna im Grauen Hof.[89] Dies alles habe er, Horn, sorgfältig geprüft in der Sorge, es handle sich um die Sekte der Wiedertäufer oder sonstige Aufrührer. Über den Sachverhalt habe er verschiedene Kirchenmänner kontaktiert, den Hauptmann des Stifts und das Domkapitel. Der Verdacht, es mit Wiedertäufern zu tun zu haben, erhärtete sich noch dadurch, dass Gretha Höhne ihr Neugeborenes immer noch nicht hatte taufen lassen.[90]

Zunächst war die Absicht des Offizials, Gretha Höhne, der Frau mit dem Neugeborenen, und der hochschwangeren Anna Scheidemantel auf seine Anordnung eine Verwarnung zu erteilen.

5.2.1 Eine Verhaftung mit Kettenreaktion

Es kam nun allerdings ganz anders. Eine Verhaftung außerhalb Halberstadts mit Verhören und nachfolgenden Hinrichtungen löste eine Kettenreaktion aus. Sie führte zum Auffliegen der ganzen Täufergemeinde in Halberstadt.

Hans Birkhan, ein Täufer aus Riestedt, besuchte Ende August 1535 den Glaubensgenossen Georg Möller in Quedlinburg. Birkhan war im vergangenen April in Sangershausen eingekerkert und kam nur frei, weil er sich durch seinen Widerruf von den Täufern distanzierte. Beide beschlossen zu Knoblauch in Halberstadt zu gehen, damit Birkhahn „wieder Bruder werden" könne. Nach diesem gemeinsamen Besuch in Halberstadt lud Birkhan Georg Möller und einen weiteren Glaubensgenossen, Georg Köhler, zu sich nach Riestedt ein. Dort wurden die drei am 2. September 1535 morgens von Spähern des Herzogs Georg gefangengenommen und nach Sangerhausen verbracht. Hans Birkhan konnte entkommen.[91]

Am 4. September begannen in Sangerhausen die Verhöre der Gefangenen mit den üblichen Fragen, Vorwürfen und Ein-

89 *Jacobs* (s. Anm. 3), 517; Anna soll elf oder zwölf Jahre alt gewesen sein und war eine der Stieftöchter Knoblauchs. Sie wurde mit dem Täufer Heinrich Möller verheiratet (vgl. *Wappler*, 127).

90 Ebd., 517.

91 Vgl. *Wappler* (s. Anm. 4), 129f.

schüchterungen durch Folter. Die beiden, Möller und Köhler, blieben fest im Glauben „ohne die geringsten Zeichen von Furcht vor dem Tode". Auf Befehl Herzog Georgs wurden sie zusammen mit Margaretha aus Quedlinburg, einer Tante Petronellas, Ende September in Sangerhausen enthauptet.[92]

5.2.2 Erste Folgen

Aus einem Schreiben des Amtmanns von Sangerhausen an Herzog Georg vom 6. September 1535 geht hervor, dass die Verhöre der Hingerichteten eine Verbindung zur Halberstädter Täufergruppe offenlegte.[93] Damit waren die Verantwortlichen in Halberstadt in ihrem Verdacht bestätigt und vollends alarmiert. Die intensiveren Nachforschungen begannen am 13. September durch eine Kommission, die den Grauen Hof inspizierte.

Sie fanden allerdings nur Gretha Höhne mit ihrem Neugeborenen und die hochschwangere Anna Scheidemantel, Knoblauchs Frau, vor. Dazu werden sechs kleine Kinder genannt, darunter zwei Mädchen von ungefähr neun Jahren.[94] Näheres zu den Kindern lässt sich nicht ermitteln.

Beide Frauen wurden vor Ort von drei Leuten vernommen, genannt sind „richter, meier unnd scheppe" (Schöffe), anscheinend waren auch Gerichtsdiener anwesend, wie sich aus dem Schluss des Vernehmungsberichtes ergibt. Wir kennen die Inhalte der Vernehmung aus einem Schreiben des Halberstädter Stiftshauptmanns Heinrich von Hoym an Kardinal Albrecht. Daraus gehen auch die üblich gestellten Fragen hervor. Diese betrafen auch die Männer der beiden Frauen, wie sie hießen, wo sie sich aufhielten usw. So erfahren wir aus dem Protokoll, dass die Männer ihren Lebensunterhalt mit dem Herstellen von Strohhüten bestritten oder mit Gelegenheitsarbeiten oft außerhalb Halberstadts „umb tageslohn, holz-

92 Vgl. ebd., 130.
93 Vgl. ebd., 191-193.
94 Vgl. *Jacobs* (s. Anm. 3), 509.

hawen, klicken unnd kleiben etc." Letzteres bezeichnet Maurerarbeiten. Seit Tagen würden sie in Wernigerode arbeiten.

Natürlich ging es auch um das Neugeborene und ob es getauft sei. Nach der Verneinung der Taufe kam die Begründung: „was szoll ich an solchgem kyndt deuffen laszen? kan es doch nicht geleuben." Nach einigem Hin und Her verwies Gretha Höhne auf die biblische Aussage: „Wehr do geleubt unnd gedofft wirdt, der szoll szelich werden." (Markus 16,16).

Da sie darauf bestand, dass es nur eine Taufe gäbe, wurde sie nach ihrer eigenen gefragt. Dazu waren natürlich die Hintergründe bedeutsam, also wer sie getauft habe, wann und wo das war. So gestand Gretha Höhne, dass sie sich gern an ihre Taufe erinnere. Dies sei vor einem halben Jahr geschehen in Halberstadt im Hause, das sie zuvor bewohnten (das Pfaffenhäuschen „In den Weiden"). Gefragt nach dem Namen des Täufers meinte sie, es wäre ein Mann wie Jedermann, also kein Priester. Seinen Namen kenne sie nicht, nur dass er aus dem Vogtlande stamme.[95] Anschließend ging es um die Taufe der anderen Kinder. Sie seien alle getauft, aber ohne Glauben. Lediglich das Jüngste nicht. Anna Scheidemantel, die Hochschwangere, bestätigte im Verhör ebenfalls ihre eigene Taufe vor einem halben Jahr.

Nach weiteren Mitgliedern der Gemeinschaft befragt, bestätigten die beiden Frauen, es seien noch Männer und Frauen dazugehörig. Diese seien aber alle zur Zeit nicht in Halberstadt.

Damit endete die Befragung. Da man die beiden Frauen wegen ihres aktuellen Zustandes nicht ins Ratsgefängnis bringen wollte, verordnete man ihnen eine Art Hausarrest. Die Gerichtsknechte blieben zur weiteren Kontrolle und Bewachung im Grauen Hofe. Genau das führte dann eine Stunde später zu weiteren Verhaftungen.

---

95 Vgl. ebd., 510f. Tatsächlich handelte es sich um Heinz Kraut aus Esperstedt bei Sangerhausen, (s. auch Wappler (s. Anm. 3), 122).

5.2.3 Weitere Verhaftungen und Verhöre

Hans Höhne und Petronella kamen zurück in den Grauen Hof. Sie ahnten nichts von der Vorgeschichte, der erfolgten Befragung und dem Hausarrest. So liefen sie der Bewachung praktisch in die Arme. Die Situation schockte sie. Es heißt in dem obigen Bericht:

> „Als nun die [...] Gerichtsknechte in diesem Hause gelassen, sei ungefähr um eine Stunde ein Mann und ein Weib [...] in das Haus gekommen, und sobald mit allen denen so im Hause waren an Weibern und Kindern auf ihre Knie gefallen, die Hände gefaltet und nach dem Himmel aufgerichtet gegen Gott den Herren sich mit lauter Stimme beklagt, dass sie um der Gerechtigkeit verfolgt, und alle sämtlich angehoben und gesungen ‚Ach Gott vom Himmel sieh hier hier in' usw."[96]

Das hier angeführte Lutherlied nach Psalm 12 von 1524 war trotz der Distanz der Täufer zu Martin Luther offensichtlich ein Standardgesang in der Täuferbewegung. Es galt ohnehin schon zu Zeiten des Bauernkrieges als reformatorischer Kampfgesang. Man hat es zum Beispiel gesungen als Protest während katholischer Gottesdienste, um diese in der Zeit der reformatorischen Umbrüche zu stören.[97] [98]

Ach Gott, vom Himmel sieh darein
Und lass dich des erbarmen,
Wie wenig sind der Heilgen dein,
Verlassen sind wir Armen.
Dein Wort man lässt nicht haben wahr,
Der Glaub ist auch verloschen gar
Bei allen Menschenkindern.

Sie lehren eitel falsche List,
Was eigner Witz erfindet;
Ihr Herz nicht eines Sinnes ist,
In Gottes Wort gegründet.
Der wählet dies, der andre das,
Sie trennen uns ohn alle Maß
Und gleißen schön von außen.

Auch sonst spielte der Gesang eine bemerkenswerte Rolle. Bei der späteren Festnahme einer ganzen Versammlung beim Müller Hans Peißker in Kleineutersdorf (bei Sangerhausen) am 21. November 1535 wurde „Nun bitten wir den heiligen

---

96 *Jacobs* (s. Anm. 3), 512.
97 Quelle: wikipedia: „Ach Gott, vom Himmel sieh darein".
98 Text der ersten zwei Strophen nach EG 273 in neuerer Fassung.

Geist" gesungen. Die Verhafteten ließen sich „heiteren Gemütes" auf den Leuchtenberg abführen.[99]

5.2.4 Reaktion des Kardinals

Über die schon beschriebenen Festnahmen im Grauen Hof berichtete der Offizial Horn an den Kardinal Albrecht zugleich mit der „untertänigste Bitte", er wolle die Sache „in allen Gnaden bedenken und die armen Leute nicht zu Blute richten, sondern eine andere Strafe, die ihrem Leben unschädlich ist, gnädig zukommen lassen."[100]

Die Antwort des Kardinals war unmissverständlich. In Absprache mit Herzog Johann von Sachsen schrieb Kardinal Albrecht am 16. September an den Stiftshauptmann von Hoym (wohl bewusst am milde gestimmten Horn vorbei!):

> Weil die Sache Eile bedarf [...] begehren wir mit Befehl, du wollest nicht säumen und in guter Geheimhaltung und Geschicklichkeit tun und trachten, dass die angegebenen Buben und Personen, die im Bericht genannt und zu Halberstadt ihren Aufenthalt haben, gefänglich einzuziehen. Gegen diese sollst du dann weiterhin auch unserem Anschreiben gemäß verfahren und das, was nötig ist, nicht unterlassen.[101]

In einem weiteren Schreiben bleibt Albrecht bei seiner harten Linie. Er gibt an von Hoym Anweisung

> „das [wir] hierin gut Achtung haben, damit dem Übel nicht Raum gelassen und zur Verbreitung Ursache geben. [...] Und begehren von dir, du wollest die Gefangenen Mann und Weib verwahren. Desgleichen auch die Frau, die noch nicht gefangen ist, weil sie vor fünf Wochen gelegen, und neben ihr die andere Frau, so noch schwanger, wenn sie die Frucht losgeworden und zu guter Stärke wiedergekommen wäre [...] gefänglich einziehen.[102]

Heinrich von Hoym solle sie sicher verwahren, im Gefängnis oder im Hause. Dann sollen sie „mit der Schärfe, aber nicht

---

99 Vgl. *Wappler* (s. Anm. 4), 139.
100 Jacobs (s. Anm. 3), ebd., 518.
101 Ebd., 519f.
102 Ebd., 519f.

zu hart" befragt und verhört werden, damit die Wahrheit aller Umstände, wer sie in die Irre geführt, wer diesem Irrtum anhängt, wo sich die Versteckten befinden und anderes herauszubringen.[103]

Petershof, das Ratsgefängnis befand sich unterhalb der Rückseite des Bischofssitzes.

Bevor Hans Höhne und Petronella ins Ratsgefängnis, dem Petershof[104], abgeführt wurden, verabschiedeten sie sich von den anderen Frauen und Kindern, nicht ohne einander im Glauben zu bestärken. Sie wussten wohl, dass in dieser Situation jeder Abschied der letzte sein konnte.

> „Sie herzten und küssten sich; auch bat eins das andere inständig, ja auf seinem Glauben zu verharren. Darauf folgten die beiden fröhlichen Gemütes zum Gefängnis und sangen auf dem ganzen Wege von Gott."[105]

5.3.5 Verhöre im Ratsgefängnis

Die ersten Verhöre im Ratsgefängnis begannen am 14. September und verliefen „freiwillig und unbezwungen"[106], also ohne Folter. Auf die Frage, von wem Höhne die Ketzerei gelernt habe, antwortete er:

> „Es habe ihn dies kein Mensch gelehrt, sondern sein Vater im Himmel habe es ihm mit seinem heiligen Finger ins Herze geschrieben, denn der Vater habe gesprochen: ‚In den letzten Tagen werde ich meinen Geist geben über alle Völker, dass sie sollen von Gott gelehrt sein.' Denselbigen Geist habe er auch von Gott empfangen."[107]

---

103 Vgl. ebd., 520.

104 Das Gefängnis befand sich unterhalb der Rückseite des Bischofssitzes Petershof, nur 200 Meter vom Grauen Hof entfernt (heute Grudenberg, Ecke Peterstreppe, s. Seite 77).

105 *Wappler* (s. Anm. 4), 131.

106 *Jacobs* (s. Anm. 3), 512.

107 *Wappler* (s. Anm. 4), 132.

Hier schwingt wohl noch mit, was schon die „Zwickauer Propheten"[108] vertraten, dass die Heilige Schrift allein nicht die Menschen bessert, sondern es einer direkten Ansprache des Heiligen Geistes bedarf.[109]

Der ersten Nachfrage, wie er zu seiner Lehre gekommen sei, folgte natürlich die nach dem Taufverständnis. Schließlich gab die Taufverweigerung zu seinem gerade geborenen Kind entsprechenden Anlass. Es folgte die für Täufer typische Antwort mit dem Hinweis auf den Zusammenhang von Glaube und Taufe, der bei Säuglingen nicht gegeben sein kann.

> „Nachdem das Kind noch zur Zeit unmündig und nicht glauben könne, so sei ihm die Taufe zu gar nichts nütze, denn Gott habe gesagt: Wer glaubt und getauft wird, der wird selig. So nun das Kind diesen Glauben nicht haben könne, deshalb wolle und gedenke er das Kind nicht taufen zu lassen."[110]

Aus Erfahrung durch die vielen Verhöre mit Täufern aus jener Zeit hat sich eine Art Fragekatalog entwickelt, der in vielen Protokollen zum Tragen kam. So wurde in der Regel gefragt nach dem eigenen Zugang zur täuferischen Lehre, nach dem Verständnis von Taufe, Abendmahl, Obrigkeit, Vorstellungen von Ehe und Familie. Und natürlich waren die Verbindungen der Täufer untereinander bedeutsam nach Namen, Orten und Erkennungszeichen.

Was im Sprachgebrauch als „gütliches" Verhör benannt wird oder als „freiwillig und unbezwungen", lässt ahnen, dass es auch die ganz andere, grausame, nicht nur schmerzhafte („peinliche") Version gab. Sie konnte darüber hinaus mit schweren körperlichen Dauerschäden bis hin zur Todesfolge verbunden sein. Auf nähere Beschreibungen sei hier verzichtet. Aber die grausamen Torturen machen sicher ein Geständnis oder den

---

108 Sie waren eine Keimzelle der reformatorischen Bewegung, gerieten aber schnell in Konflikt mit der Luthers Wittenberger Richtung des Protestantismus. Er bekämpfte sie als „Schwärmer".

109 Vgl. *von Schlachta*, Täufer (s. Anm. 26), 24.

110 *Jacobs* (s. Anm. 3), 512f.

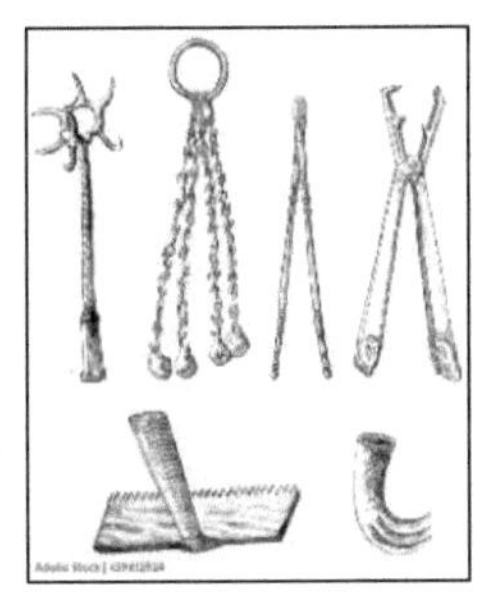

Widerruf unter den Verhörten verständlich. Eine Variante der Verhöre war, dass man den Gefangenen als Vorstufe zunächst die Folterwerkzeuge zeigte.[111]

Ein Widerruf war oft mit einer bestimmten Prozedur verbunden. So erfahren wir über den Widerruf zweier Frauen im Frühjahr 1530 aus dem Amt Frankenhausen. Nach zweimonatiger Gefangenschaft bekannten sie, sich geirrt zu haben und erwirkten so ihre Freilassung. Ihre Auflage bestand darin, dass sie darauf am Himmelfahrtstage und an den beiden folgenden Pfingsttagen in der Kirche vor der ganzen Gemeinde öffentlich Widerruf leisten. Dazu mussten sie mit einer brennenden Kerze in der Hand und einem weißen Schleier über den Schultern vor der Kanzel stehen.[112]

Petronellas Verhör verlief nach dem üblichen Muster, enthielt aber eine Variante durch die Frage nach ihrer Ehe.

> [Sie habe] „einen Mann auch nicht weit von Franckenhausen; derselbige habe diesen Glauben nicht annehmen wollen, sondern er sei in der Finsternis geblieben und habe dieselbe mehr denn das Licht geliebt. Drum sei sie von ihm gezogen und gedenke auch nicht, zu ihm zurückzugehen, er habe sich denn bekehrt und in diesen ihren Glauben ergeben."[113]

Sie sei in Holdenstedt von einem Schulmeister, Alexander genannt, getauft. Dann berichtete sie von ihrer Mume (Tante) Margareta, die in der Neustadt von Quedlinburg wohne. Anscheinend wusste Petronella noch nichts von der Verhaftung und drohenden Hinrichtung ihrer Tante in Sangerhausen. Zur Obrigkeit heißt es in dem Verhörbericht „hält sie eben das selbige, wie ohnehin der Widertäufer [Höhne] bekannt und ausgesagt hat".

---

111 Vgl. *Wappler* (s. Anm. 4), 130.
112 Vgl. ebd., 91.
113 *Jacobs* (s. Anm. 3), 515.

5.2.6 Letzte Verhaftung

Bisher war den Verhörenden lediglich bekannt, dass sich im Grauen Hof die beiden Frauen, eine Wöchnerin und eine Hochschwangere, aufhielten und Hans Höhne und Petronella dazustießen. Letztere waren inzwischen verhaftet und verhört und blieben im Gewahrsam. Das vermittelte der Stifthauptmann Heinrich von Hoym auch am 14. September in einem Schreiben an Kardinal Albrecht.

Damit verbindet er allerdings auch, dass er aufgrund der bisherigen Erkenntnisse zum Grauen Hof vermute, weitere Besucher abpassen zu können.

> „Wir wollen auch nochmals neben dem Rate [...] Fleiß anwenden, [...] zu erfahren, ob sie mehr Anhänger im Stifte [haben] und wo sie sich aufhalten."[114]

Auf diese Weise konnte man nun durch weitere Überwachung langsam einen nach dem anderen abfangen und so der ganzen Gruppe habhaft werden. Das gelang das auch nur teilweise deshalb, weil Georg Knoblauch und einige andere nicht in diese Falle tappten. Wie und warum sie sich einer Festnahme entziehen konnten, ist nicht klar.

Für andere schnappte die Falle dennoch zu. Am Abend des 20. September stießen wieder zwei Personen zu den beiden überwachten Frauen im Grauen Hof. Es waren Adrian Richter, Knoblauchs früherer Knecht, und Anna Reichard. Sie kamen aus dem Lutterholz bei Lauterberg, einem Unterschlupf etlicher Täufer im Südharz. Nach der üblichen Begrüßung „Der Friede Gottes sei mit euch!" war den Wächtern wie allen anderen Anwesenden die Situation klar. Die Reaktion der Täufer war: niederknien, beten und singen. Die Wächter holten sich Verstärkung von den Gerichtsdienern und ließen allerdings nur Adrian Richter abführen. Anna Reichard sollte im Grauen Hof bleiben, weil sie dort dringend von den anderen beiden Frauen gebraucht wurde.

---

114 Ebd., 452.

Adrian Richter sang auf dem ganzen Weg zum Ratsgefängnis und wurde getrennt von Petronella und Hans Höhne unter scharfer Bewachung eingesperrt. Hans Höhne hörte während seines Verhörs im Gefängnis den Gesang Richters und rief laut: „Da höre ich eine fröhliche Stimme meines lieben Bruders, dess sei Gott gelobt!" Die Ratsherren fragten ihn, wer der Singende wäre und bekamen zur Antwort: „Es ist mein lieber Bruder Adrian. Denn wie derjenige, der von Gott ist, die Stimme Gottes kennt, so erkenne ich auch die Stimmen meiner lieben Brüder."[115]

Richter wurde noch am gleichen Abend ins Verhör genommen. Man stellte ihm die üblichen Fragen, also wie er zu seinem „Irrtum" gekommen wäre, wer ihn dies gelehrt habe, welche Leute er von den Täufern kenne, welche Meinung er über die Obrigkeit habe und wie er über Taufe und Abendmahl denke. Der Verhörte wies den Begriff „Irrtum" zu seiner Glaubenseinstellung zurück, sein Glaube sei recht und gut. Dabei berief er sich auf Gottes Wort, „das der Himmel ihn gelehrt habe". Er wolle von seiner Meinung absehen und sich nur belehren lassen von jemandem, der ebenfalls auf Gottes Wort höre.[116]

Interessant ist seine Aussage zur Obrigkeit: Sie sei von Gott geordnet und wer der Obrigkeit widerstrebe, der strebe wider Gottes Ordnung.

> „In fleischlichen Sachen sei man ihr schuldig zu gehorchen, aber über den Geist habe sie keinen Befehl; und wenn die Obrigkeit den Leuten darüber Unrecht tut, so wären es Tyrannen."[117]

Die drei im Grauen Hof verbliebenen Frauen wurden dort verhört, allen voran Anna Reichard. Sie erwies sich als gefestigter als die beiden anderen. Gretha Höhne und Anna Scheidemantel, Knoblauchs Frau, zeigten sich flexibler in ihrer Haltung zur täuferischen Überzeugung,

---

115 Vgl. *Wappler* (s. Anm. 4), 133 und *Jacobs* (s. Anm. 3), 535.
116 Vgl. Wappler, ebd., 133f.
117 *Jacobs* (s. Anm. 3), 527.

„wenn man sie mit göttlicher Wahrheit besser unterrichten würde: Sie wollten sich durch Gottes Wort gern unterrichten lassen, sofern es recht zuginge."[118]

Vom 25. September 1535 erfahren wir aus einem Schreiben, dass der stets gut von den Vorgängen unterrichtete Kardinal Albrecht glaubte, die festgesetzten Täufer noch zur Umkehr bewegen zu können, wenn er den zuständigen Weihbischof mit einbeziehen würde. Der war allerdings gerade in Merseburg. Deshalb ging es dem Kardinal vorerst um Zeitgewinn.[119] Offensichtlich hatte Anna Scheidemantel diese taktische Hoffnung des Kardinals bestärkt. Sie hatte inzwischen ihr Kind geboren und zeigte sich zusammen mit Gretha Höhne bereit, der Wiedertaufe als „teuflischen Irrtum" abzuschwören. Beide ließen am gleichen Tag ihre Neugeborenen in der Kirche taufen.

Am 1. Oktober kam noch am Abend der Weihbischof in Begleitung des Stiftshauptmannes und des Offizials von Halberstadt ins Ratsgefängnis. Statt einsichtige Gefangene vorzufinden wie bei den beiden Frauen im Grauen Hof, mussten sie sich eine regelrechte Abfuhr einhandeln. Hans Höhne, Adrian Richter und Petronella blieben hartnäckig.

„Sie wollten von keinerlei Ermahnung etwas wissen, sondern erklärten voll Trotz, es solle sie kein Element oder Tyrannei vom Vater, der sie in Wahrheit erleuchtet habe, abschrecken; sie (die Bekehrer) sollten nur hinfahren; sie (die drei Wiedertäufer) wollen nicht ihren Gott, den sie in ihrer Heuchelei schändlich fräßen [gemeint: schnöde verhunzen oder entstellen]; sie wüßten auch nichts von menschlichen Gnaden, die weil sie der Gnade Gottes gewiß wären; sie hätten auch bei sich endgültig und unabänderlich beschlossen, solchen Heuchlern nicht um ein Haar zu weichen, und sie wären erfreut, um Christi willen den Tod zu erleiden."[120]

---

118 *Wappler* (s. Anm. 4), 134.
119 *Jacobs* (s. Anm. 3), 532.
120 *Wappler* (s. Anm. 4), 135.

5.3 Das Urteil und seine Folgen

Damit waren auch für die Vertreter der Obrigkeit die Würfel gefallen. Im Schreiben des Kardinals vom 8. Oktober (s. Seite 13) ergeht die Anweisung, die Gefangenen „in einen Sack [zu] stecken und im Wasser zu ersäufen." Der Hinrichtungsort Gröningen scheint dem Wunsch zu entsprechen, bei der Bevölkerung kein Aufsehen zu erregen. Das hatte auch seinen Grund. Eduard Jacobs beschreibt das Klima in der Bevölkerung folgendermaßen:

> „In Halberstadt tritt nirgends eine feindselige Stimmung gegen die Wiedertäufer zutage. Der Gebike [Vermieterin des Pfaffenhäuschens] hatte man die Anziehenden als gute fromme Leute empfohlen. Viel deutlicher ergiebt sich aber das bei der Bevölkerung bestimmt vorauszusetzende Mitgefühl aus der Sorge des Kardinals, dass der Stiftshauptmann in der Stadt in große Ungelegenheit kommen könne, wenn er gegen die Gefangenen mit Folter und Blutgericht vorgehe. Er erinnert ihn wiederholt daran, sich mit ihnen nach dem Flecken Gröningen zurückzuziehen [...]. Es findet sich in unseren Akten wohl auch darin eine Spur menschlichen Erbarmens, daß der Richter am 13. September die verhörten Frauen fragt, ob die verwaisten Kinder der bei Nordhausen[121] als Täuferin gerichteten Frau [gemeint ist Knoblauchs erste Frau Gretha] sich nicht darüber grämten, daß ihre Mutter ‚in so erbarmungwürdiger Weise' ums Leben gekommen sei."[122]

Ein anderer Gesichtspunkt ist auch das langsam einsickernde Gedankengut der Reformation in das katholische Halberstadt. Jacobs greift die gespannte Stimmung auf und schildert:

> „Wenn der Offizial [Heinrich Horn] hier mit solchem Nachdruck nicht nur seine Bemühungen, sondern auch seine ernstliche Sorge wegen einer möglichen Verbreitung des Täufertums in Stadt und Land hervorhebe, so geschieht das wohl noch aus einem ganz besonderen Anlaß: Der ebenso tüchtige als tätige

121 Das beruht auf einem Irrtum Anna Schneidemantels bei ihrem Verhör. Die Hinrichtung war in Sangerhausen; vgl. *Wappler* (s. Anm. 4), 109.

122 *Jacobs* (s. Anm. 3), 461.

Mann war zeitweise beim Kardinal nicht gut angeschrieben und in den Verdacht gebracht worden, den reformatorischen Bestrebungen im Stift nicht mit dem nötigen Eifer entgegengetreten, nicht fest und durchgreifend eingeschritten zu sein. Als im Jahre 1528 Johann Winnigstedt, Augustiner im S. Johanniskloster, HeinrichWinkels Ordensbruder, dann nach ihm Prediger an der Johanneskirche, von seinem Gewissen getrieben und von seinen Glaubensgenossen ermutigt, die evangelische Lehre rein verkündigte, auch das heilige Abendmahl nach biblischer Einsetzung unter beiderlei Gestalt austeilte, malten die Gegner der Reformation dem Kardinal ein verzerrtes Bild von den kirchlichen Zuständen in der Stiftshauptstadt: die Halberstädter unterstünden sich mannigfaltigen Mutwillens und Ungehorsams durch Bestellung eines (evangelischen) Pfarrers, Verhinderung der (römischen) Messe, Zwang gegen die (altkirchlichen) Geistlichen, Verwerfung der heiligen Sakramente durch Anreizung zur Kommunion unter beiderlei Gestalt, auch unterfingen sie sich sonst vieler Neuerungen, wozu ihnen der Prediger (Winnigstedt) Ursach gebe. Nun gebühre es Horn, als gemeinen Offizial, dies alles abzuschaffen, der Kurfürst befinde aber, daß er dies alles ansehe, geschehen lasse und gar lange Zeit nichts dagegen vorgenommen habe, und ähnliche Vorwürfe mehr."[123]

Die Hinrichtung der drei aus der Halberstädter Täufergruppe schien nach damaliger Logik unausweichlich. Reformatorische Impulse sollten nicht zu einer Art Dammbruch führen. Deshalb mussten Hans Höhne, Adrian Richter und Petronella vor Gröningen in der Bode durch jämmerliches Ersäufen sterben.

[123] Ebd., 462.

6. Was wurde aus den übrigen Täufern aus Halberstadt?

Die Namen derer, die im Zusammenhang mit Halberstadt zu nennen sind, lassen sich leicht durch die Verhöre und Berichte erfassen. Problematischer sind die jeweiligen Vorgeschichten. Von keinem kennen wird das Alter, oft auch nicht die Herkunft. Aber auch die weiteren Lebenswege liegen meist im Dunkeln, es sei denn, wir wissen etwas über ihre baldige Hinrichtung aus den Akten. Das traurige Ende von *Hans Höhne, Adrian Richter* und *Petronella* durch die Ertränkung bei Gröningen wurde oben schon dargestellt. Aber was wurde aus Georg Knoblauch und den übrigen „Halberstädtern"?

Aus den Ereignissen im Oktober 1535 ergibt sich, dass sich die Täufergemeinschaft in Halberstadt unmittelbar auflöste. Ihre Mitbewohner und Gäste waren auf der Flucht. Damit erlosch aber der Geist der Gemeinschaft und Zusammengehörigkeit nicht. Das wird fünf Wochen später im November deutlich in einem Treffen vieler Täufer im Hause des Müllers Hans Peißker in Kleineuterdorf bei Kahla, darunter auch etliche „Halberstädter". Leider stand seine Mühle schon längere Zeit unter Beobachtung. So kam es am 21. November 1535 zur Verhaftung von 16 Personen auf einen Schlag. Die Festgenommenen wurden zur Leuchtenburg bei Kahla verbracht. Wegen der Zustände auf der Burg teilte man die Häftlingsgruppe auf. Fünf Frauen blieben auf der Burg (Anna Scheidemantel, Ursula Wedekind, Anna Reichard, Margarethe Peißker, Ursula Meurer), vier Männer kamen nach Jena (Hans Peißker, Heinz Kraut, Georg Möller, Lorenz Petzsch), vier nach Neustadt/Orla (Georg Knoblauch, Jobst Meurer, Heinrich Möller, Rudolf Schirmer) und drei nach Kahla (Hermann Gereume, Martin Kolbe, Peter Rollenberger).[124]

---

124 Vgl. *Wappler* (s. Anm. 4), 138f.

6.1 Zu den einzelnen Schicksalen:

Georg Knoblauch als Leitfigur der Halberstädter Gruppe konnte sich der Gefangennahme in Halberstadt entziehen. Wie das geschah, ist unbekannt. Er floh noch im Oktober 1535 nach Kleineutersdorf bei Kahla zum Müller Hans Peißker. Dort kam es zur oben beschriebenen Verhaftung einer ganzen Gruppe. Knoblauch wurde nach *Neustadt/Orla* verbracht.[125] Hier wie auch bei den Gefangenen in Jena beteiligte sich Philipp Melanchthon an den Verhören. Knoblauch konnte sich durch Widerruf einer Hinrichtung entziehen und wurde im Februar 1536 freigelassen. Er wanderte wahrscheinlich nach Mähren aus,[126] dem damals „Gelobten Land der Täufer", obwohl nach der Katastrophe mit dem „Täuferreich zu Münster" sich auch dort vieles änderte.

Die Herkunft von Knoblauchs zweiter Frau, **Anna Scheidemantel**, ist unklar. Bekannt ist lediglich, dass sie als Witwe zur Täufergruppe in Emseloh gehörte. Sie heiratete Georg Knoblauch nach der Hinrichtung von dessen erster Frau Gretha. In Halberstadt wurden sie von Heinz Kraut Ostern 1535 im Pfaffenhäuschen getauft. Ihre Schwangerschaft und die Geburt ihrer Tochter im September 1535 sorgten für eine milde Behandlung bei der Verhaftungswelle im Grauen Hof. Sie widerrief, ließ das Neugeborene taufen und kam frei. Die spätere Haft im November 1535 verbrachte sie auf der *Leuchtenburg*. Laut Protokoll wurde ihr bescheinigt, sie sei „gar unverständig und eitel Kindheit"[127], also von schlichtem Gemüt. Sie widerrief und kam im Februar 1536 wieder frei. Danach verliert sich ihre Spur. Vielleicht wanderte sie zusammen mit ihrem Mann nach Mähren aus.

Heinz Kraut, der Schneider, war ursprünglich Teilnehmer im Bauernkrieg. Später gehörte er, von Alexander 1525 getauft,

---

125 Vgl., ebd., 224f.
126 Ebd., 151, Anm. 6.
127 Ebd., 146. (neue Anm.!)

zu den täuferischen Sendboten und besuchte die verschiedenen Täufergruppen. Nach den Verhaftungen in Riestedt am 1. September 1535 kam er wieder frei und geriet bei den Novemberverhaftungen von Kleineutersdorf nach *Jena*. Die Verhöre fanden unter Beteiligung Melanchthons statt (siehe wieter unten). Auf dessen Anraten hin wurde Kraut zusammen mit Hans Peißker und Georg Möller in Jena am 26. Januar 1536 durch Enthauptung hingerichet. Lorenz Petzsch neigte zum Widerruf, wurde weiter in Haft gehalten, konnte aber fliehen.

Hans Peißker, der Müller von Kleineutersdorf und einer der täuferischen Sendboten, sowie **Georg Möller**, ein Schwieger-Stiefsohn Knoblauchs, erlitten – wie eben geschildert – das gleiche Schicksal wie Heinz Kraut durch Enthauptung am gleichen Tag in Jena.

Gretha Höhne wurde nach ihrer Entbindung im Pfaffenhäuschen später im Grauen Hof nachsichtig behandelt. Nach der Hinrichtung ihres Mannes vor *Gröningen* widerrief sie, ließ ihr Neugeborenes taufen und kam im Februar 1536 wieder frei. Ob sie noch Kontakt zu Täufern hielt, ist unbekannt. Nach Halberstadt verliert sich ihre Spur.

Peter Reuße gehörte zu den häufigen Besuchern in Halberstadt. Er betätigte sich als Sendbote und konnte sich offensichtlich den häufigen Verhaftungen entziehen. Er taufte noch im Herbst 1536 in Mülhausen.[128] Danach erfahren wir nichts mehr über ihn.

Georg Köhler gehörte zu den Sendboten und predigte selbst als Analphabet das Evangelium. Bei einer Durchreise in Riestedt wurde er verhaftet, nach Sangerhausen gebracht und im September 1535 enthauptet zusammen mit Georg Möller und Petronellas Tante Margaretha.

Anna Reichard war Witwe aus Franken und gehörte schon seit 1529 zu den Täufern. Sie geriet 1533 in Sangerhausen in

---

128 *Wappler* (s. Anm. 4), 160.

Haft und widerrief. Anschließend lebte sie mit Hermann Gereume zusammen im Harz. Weil sie in der Haft 1535 in Halberstadt ebenfalls widerrief, trennte sich Gereume von ihr. Mehr erfahren wird nicht über ihren weiteren Weg.

Hermann Gereume lebte, nachdem er seine Frau verlassen hatte, im Harz mit Anna Reichard zusammen und besuchte mit ihr Halberstadt. Seiner Trennung von Anna wegen ihres Widerrufs folgte später sein eigener Widerruf bei der Haft vom November 1535 in Kahla. Seine Spur verliert sich für uns.

Fazit: Zur engeren Halberstädter Gruppe können wir vierzehn Personen rechnen. Sieben von ihnen wurden hingerichtet, davon die drei in der Bode ertränkten Täufer. Von weiteren vier wissen wir, dass sie später ebenfalls hingerichtet wurden. Dabei ist die Kenntnis einiger weiterer Lebensläufe ungewiss. Es zeigt sich, dass die Lebenserwartung eines Täufers tatsächlich als kurz bis sehr kurz zu bewerten war.

7. Luther, Melanchthon und die Täufer

Die oben geschilderten Vorgänge im Zusammenhang mit den Verhören und folgenden Hinrichtungen in Jena betreffen einige „Halberstädter". Sie bekamen es dabei mit Philipp Melanchthon (1497-1560), der „rechten Hand Luthers", zu tun. Wegen der Pest wurde die Universität Wittenberg nach Jena verlegt. Deshalb war auch Melanchthon vor Ort und leitete die Verhöre.

Beide, Luther und Melanchton, waren über die Anfänge der Täuferbewegung durchaus recht früh informiert. Allerdings maßen sie ihr zunächst keine größere Bedeutung zu. Melanchthon geriet im Dezember 1521 mit den „Zwickauer Propheten"[129] und Karlstadt[130] in eine Diskussion über die Tauffrage. Es ging um Bedenken gegen die Säuglingstaufe nach Markus 16,16: „Wer da glaubt und getauft wird, der wird selig werden; wer aber nicht glaubt, der soll verdammt werden." Luther war zu der Zeit abwesend, weil er auf der Wartburg in „Schutzhaft" festsaß. Der anfänglichen Taufdiskussion folgte aber kurz darauf durch ihn und den Kurfürsten Friedrich des Weisen (1463-1525) eine deutliche Zurückweisung einer kritischen Auseinandersetzung mit der Tauffrage. Ein Aufgeben der Säuglingstaufe schien undenkbar. „Im-

---

129 Eine kleine radikale Gruppierung um Nikolaus Storch und Thomas Drechsel in der Frühzeit der Reformation. Sie hielten sich 1521 in Wittenberg auf. Man kann sie als eine der Wurzeln der späteren Täuferbewegung in Mitteldeutschland ansehen. Thomas Müntzer gehörte zum erweiterten Kreis. Sie alle waren aber keine Täufer im eigentlichen Sinne, eher deren Initiatoren.

130 Andreas Bodenstein, genannt Karlstadt, anfangs Unterstützer Luthers, sympathisierte mit Thomas Müntzer.

merhin aber blieben fortan die Zweifel gegen die Berechtigung der Kindertaufe, einmal ins Volk gestreut, als Niederschlag zurück."[131]

Luthers Stellung zu den Täufern war zunächst schwankend. Ehe er sich später zu Verurteilungen im juristischen Sinne hinreißen ließ, betrachtete er die täuferischen Bestrebungen theologisch. Für ihn war es ein abwegiges „satanisches" Geschehen, dass sich quasi selbst bestraft. Noch 1528 schrieb er an zwei (katholische) Pfarrherren:

> „Man solt einen ieglichen lassen gleuben, was er wolt, Gleubet er unrecht, so hat er gnug straffen an dem ewigen fewer ynn der hellen. Warumb wil man sie denn auch noch zeitlich martern, so ferne sie allein ym glauben yrren und nicht auch daneben auffrhurisch odder sonst der öberkeit widderstreben?"[132]

Er hielt die Täufer noch für Irrende, die man leicht zurechtbringen könne und kritisiert deren Verfolgung auf katholischem Gebiet. Luther wollte allerdings nichts aus dem Ruder laufen lassen, deshalb war er bestrebt, abweichende Vorstellungen im reformtorischen Umfeld auch organisatorisch einzudämmen. Die Neuordnung des Kirchenwesens, wie er sie sich noch in seiner „Vorrede zur deutschen Messe" von 1526 dachte[133], wich dem Wunsch nach einer strafferen und obrigkeitlich abgesicherten Ordnung: „An die Stelle des Papstes und der Hierarchie traten nun der Landesherr und seine kirchlichen Organe."[134] Dass etliche Zeitgenossen Luthers ur-

---

131 *Wappler* (s. Anm. 4), 9.

132 *Philipp Melanchton*: Von der Wiedertaufe an zween Pfarrherrn. Ein Brieff, Wittenberg 1528, Weimarer Ausgabe (WA), Weimar 1897, Bd. 26,146.

133 „Die dritte Weise, welche die rechte Art der evangelischen Ordnung haben sollte, dürfte nicht so öffentlich auf dem Platz unter allerlei Volk geschehen. Sondern diejenigen, die mit Ernst Christen sein wollen und das Evangelium mit Hand und Mund bekennen, müßten mit Namen sich einzeichnen und irgendwo in einem Hause allein sich versammeln zum Gebet, zum Lesen (der Schrift), zum Taufen und das Sakrament zu empfangen und andere christliche Werke üben." Zit. aus: *Luther, Martin*: Die Deutsche Messe (1526), Kassel 1936 (Nachdruck, o. Seitenzahl):

134 *Wappler* (s. Anm. 4), 12.

sprünglichen Gedanken vom „Priestertum aller Gläubigen"[135] ernst nahmen, galt nun als Abweichung von der künftig anzustrebenden Kirchenordnung. Die Erfahrungen mit den Bauernunruhen und die Nachrichten über die schnelle Ausbreitung der Täuferbewegung in Süddeutschland dürften zu einer deutlichen Verunsicherung gegenüber dem „gemeinen Volk" geführt haben, das offensichtlich Sympathien für die Täufer entwickelte.[136] Hinzu kam nun das verstärkte Aufkommen von täuferischen Bestrebungen nach dem Bauernkrieg ab 1525 in Thüringen. Das alles lässt ein Umdenken bei Luther und Melanchton nachvollziehbar erscheinen.

Ein sonderbarer Fall führte zu dem Wunsch nach einer grundsätzlichen Klärung zum Umgang mit den Täufern: In Hausbreitenbach (westlich von Eisenach) wurde 1531 eine Gruppe von Täufern verhaftet. Die Besonderheit des Ortes lag darin, dass er im Wechsel von Hessen und Kursachsen verwaltet wurde. Es stellte sich die Frage, wie mit den Gefangenen umzugehen sei. Beide Seiten vertraten extrem unterschiedliche Auffassungen. Landgraf Philipp von Hessen stand in dem Ruf, zu milde mit Täufern umzugehen. An den Kurfürsten schrieb er, dass er glaube, mit Milde und Belehrung mehr zu erreichen als mit Gewalt.

> „Wir können noch zur Zeit in unserm Gewissen nit finden, jemants des glaubens halber, wo wir nit sonst genugen Ursach der verwirrung finden mögen, mit dem Schwerd richten zu lassen. Dann so es die meynung haben sollte, müssten wir keinen Judden, noch papisten, die christum am höchsten blaßphemiren, bei uns dulden und sie dergestalt richten lasen."[137]

---

135 Ursprünglich „Priestertum aller Getauften". Martin Luther 1520 in seiner Schrift: An den christlichen Adel deutscher Nation von des christlichen Standes Besserung: „Denn was aus der Taufe gekrochen ist, das kann sich rühmen, dass es schon zum Priester, Bischof und Papst geweiht sei, obwohl es nicht einem jeglichen ziemt, solch Amt auszuüben." Dazu stellt er fest, dass „wir alle gleichmäßig Priester sind".

136 Vgl. *Jacobs* (s. Anm. 3), 461.

137 *Gustav Lebrecht Schmidt* (Hg.): Justus Menius. der Reformator Thüringens, 1. Bd., Gotha 1867, 144; *Wappler, Paul*: Inquisition und Ketzer-

Der kursächsische Superintendent von Eisenach, Justus Menius, vertrat dagegen den harten Kurs seines Landesherrn im Sinne des kaiserlichen Täufermandates von 1529. Das veranlasste die uneinigen Verantwortlichen zu einer klärenden Anfrage an die theologische Fakultät Wittenberg.[138]

Bemerkenswert ist daran: Melanchthon und Luther wurden hier durch diese Anfrage ratloser Entscheidungsträger in die Rolle einer höchsten Autorität in Glaubens- und Lebensfragen, in Recht und Unrecht und letztlich über Leben und Tod versetzt. Das erinnert sehr an die Rolle, die sich bisher der Vatikan anmaßte.

Die Anfrage wurde mit einem ausführlichen Gutachten[139] aus der Feder Melanchthons beantwortet. Unterschrieben von Martin Luther, Caspar Creuziger, Johannes Bugenhagen und Philippus Melanchthon.[140]

Zum Inhalt des Gutachtens: Darin wird von der weltlichen Obrigkeit erwartet:

> "[...] öffentliche falsche Lehre und unrechten Gottesdienst und Ketzereien zu wehren und zu strafen, und dies gebietet Gott im zweiten Gebot, da er spricht: Wer Gottes Namen unehrt, der soll nicht ungestraft bleiben. Jedermann ist schuldig nach seinem Stand und Amt, Gotteslästerung zu verhüten und zu wehren, und Kraft dieses Gebotes haben Fürsten und Obrigkeiten Macht und Befehl, unrechten Gottesdienst abzutun und dagegen rechte Lehre und rechten Gottesdienst aufzurichten. Also lehrt sie dies Gebot 3. Mose 24, 16: Wer Gott lästert, der soll getötet werden. [...] Denn welche Zerrüttung sollte folgen, so man die Kinder nicht taufen sollte? Was würde endlich anderes daraus denn ein

---

prozesse in Zwickau zur Reformationszeit. Ansichten Luthers und Melanchthons über Glaubens- und Gewissensfreiheit, Leipzig 1908, Nachdruck.

138 Anfrage des Superintendenten Justus Menius aus Eisenach, der nicht wusste, wie er mit gefangenen Täufern verfahren solle.

139 *Philipp Melanchthon*:. Bedenken der Theologen zu Wittenberg: Ob man die Wiedertäufer mit dem Schwert strafen möge, Wittenberg 1531.

140 Vgl. *Geldbach*: Der etwas andere Melanchton, in: Zeitschrift für Theologie und Gemeinde (ZThG) 3 (1998), 105f.

öffentlich heidnisches Wesen? Über das sondern sich auch die Wiedertäufer von der Kirche, auch an den Orten, wo reine christliche Lehre ist und wo die Missbräuche und Abgötterei abgetan sind und richten ein eigen Ministerium und Versammlung an, welches auch wider Befehl ist.[141]

Derhalben muß der Herrscher den Seelen wehren, ob er schon etwa mit einer Person zu geschwind [ver]führe, tut er dennoch recht, daß er den Secten wehret"[142]

Luther fügte diesem Gutachten Melanchthons von 1531 seine etwas eingeschränkte Zustimmung hinzu:

„Placet mihi Martino Luthero. Wiewohl es crudele anzusehen, daß man sie mit dem Schwert straft, so ist doch crudelius, daß sie ministerium verbi damniren, und keine gewisse Lehre treiben und rechte Lehr unterdrucken, und dazu regna mundi zestören wollen. M. L."[143]

Im Ergebnis forderte das Gutachten nicht nur die Hinrichtung der Anstifter und Rückfälligen, sondern sogar schon für die Anhänger und Verführten, wenn sie das öffentliche Predigtamt „verdammen" und andere davon abzuhalten suchten. Sie sollen als Aufrührer mit dem Tode bestraft werden. Selbst die Verweigerung der Gottesdienstteilnahme gilt so schon als todeswürdig! Die Obrigkeit dürfe ihre Mitwirkung auch nicht mit dem Argument ablehnen, die weltliche Herrschaft habe nicht das Recht, Menschen um ihres Glaubens willen zu strafen.

„Darauf antworten die Wittenberger, daß die Obrigkeit auch nicht wegen der Meinung und Opinion im Herzen straft, die Täufer wollten eine Kirche machen, die ganz rein wäre. Sie muß

---

141 Zit. aus *Samuel Henri Geiser*: Die taufgesinnten Gemeinden im Rahmen der allgemeinen Kirchengeschichte, o.O. (Frankreich) ²1971, zit. bei: https://theologe.de/melanchthon.htm.

142 *Wappler* (s. Anm. 4), 77, nach Corpus reformatorum (CR) IV, 737.

143 Ebd., 77. Für Nichtlateiner: „Meine Zustimmung, Martin Luther. Wiewohl es schrecklich anzusehen ist, dass man sie mit dem Schwert bestraft, so ist es doch schrecklich dass sie die Predigt verdammen, und keine zuverlässige Lehre treiben und rechte Lehre unterdrücken, und dazu die weltliche Herrschaft zerstören wollen."

aber strafen, weil eine solche Separation nur auf die Ethik gegründet ist, d.h. sich nicht gegen die Lehre und gegen den Gottesdienst bezieht. Weil die Wiedertäufer sagen, daß die Lutheraner ein böses Leben führen, geizig seien und dergleichen und sie deshalb eine reine Kirche aufrichten wollten, deshalb sind sie des Todes schuldig."[144]

Hier wird sogar der Wunsch, ethisch verantwortlich zu leben, als todeswürdig angesehen. Eine ganz andere Einschätzung erfahren wir von Philipp von Hessen. Nach Gesprächen mit Täufern berichtet er seiner Schwester, „dass man bei denen, die man wiedertäuferisch nenne, mehr Besserung des Lebens sehen könne als bei den Lutherischen."[145]

Diese Auseinandersetzung um die gefangenen Täufer in Hausbreitenbach wurde durch das Gutachten nicht wirklich geklärt. Im Ergebnis gab es eine Entscheidung mit grausamen Folgen:

> „So kam man endlich nach längeren Auseinandersetzungen dahin überein, alle eingezogenen Wiedertäufer von Hausbreitenbach zu teilen und jedem Fürsten die Bestrafung der Seinen zu überlassen. Infolgedessen wurden die auf den Kurfürsten entfallenden Gefangenen größtenteils hingerichtet, die des Landgrafen dagegen [...] sofort wieder freigelassen."[146]

Das Ganze mutet an wie ein Glücksspiel über Leben und Tod mit fünfzig-prozentigem Todesrisiko. Die Betroffenen wurden allerdings nicht gefragt, ob sie mitspielen wollten. Den Kurfürsten Johann befreite das Gutachten Melanchthons sicher von etwaigen Gewissenbedenken.

Landgraf Philipp bemerkte noch 1540, nicht ohne Genugtuung, dass in seinem Lande die Todesstrafe an keinem Wiedertäufer vollzogen werde, während in andern deutschen Ländern bis zum Jahre 1530 schon 2000 hingerichtet worden waren.[147]

---

144 *Erich Geldbach*, Melanchton (s. Anm. 140), 107.
145 Ebd., 104.
146 *Wappler* (s. Anm. 4), 78.
147 Vgl. Ebd.

Luthers Stellung zur Täuferfrage war nicht durchgehend eindeutig. Er warnte anfangs noch, bei einer zu rigorosen Anwendung der Täufergesetze könne es zu einer allgemeinen Verrohung der Sitten und zu Justizirrtümern kommen.[148] Dagegen war Melanchton in dieser Sache etwas unbekümmerter. Von ihm ist ein Satz überliefert, dass es ausreiche „daß Gesetz und Straf an ihr selb und *in genre* (im Grundsatz) in Gottes Befehl gehe [...] und *in plurimum* (in der Hauptsache) recht geübt werde."[149] Einzelschicksale fielen demnach nicht ins Gewicht.

Luther tendierte mit der Zeit mehr dahin, die „Ketzerei" der Täufer als Aufruhr anzusehen. Damit rückten sie ohnehin in den Fokus der Obrigkeit. Täuferische Lebensweisen wurden damit Grund zur Anklage. Da ist es die Absonderung von der Welt, die Ablehnung, den Eid zu leisten und weltliche Ämter zu übernehmen und die manchmal praktizierte Gütergemeinschaft. Dabei wurde den Täufern von Luther unterstellt, sie würden dies von allen Bürgern fordern.

Zu dieser Entwicklung Luthers in der Einschätzung der Täufer passt eine weitere Auffälligkeit am oben schon zitierten Gutachten aus Wittenberg: Die Obrigkeit soll Menschen richten, die nach kirchlicher Einschätzung dies verdient hätten. Offensichtlich steht dahinter die Vorstellung, dass die Geistlichkeit zwar nicht das Schwert führen dürfe, sondern nur die weltliche Herrschaft. Aber sie tut dies nun praktisch im Auftrag und nach alleiniger Einschätzung der Kirche. Die Kirche verfügt damit über Leben und Tod der Menschen in Lebensführung und Glaubenssachen. Das kennen wir bisher nur von der Römischen Kirche aus Ketzerprozessen, wobei laut Wiedertäufermandat von 1529 selbst auf derartige Prozesse verzichtet werden könnte, um Täufer hinzurichten.[150]

---

148 WA, 4, 498f.

149 Zitiert aus: *Gottfried Sebass*: Luthers Stellung zur Verfolgung der Täufer und ihre Bedeutung für den deutschen Protestantismus, Göttingen 1997, 267.

150 Siehe den Textauszug auf Seite 18.

So war es natürlich von Melanchthon in den Verhören mit den 1535/1536 in Jena Inhaftierten nicht anders zu erwarten, dass er sich an die Vorstellungen seines eigene Gutachtens hielt. Man muss dabei bedenken, dass es in Jena für ihn die erste persönliche Begegnung mit Täufern war. Die Kluft zwischen dem Herrn Professor, der sich mit ungebildeten einfachen Leuten abgeben sollte in Diskussionen über sein Fachgebiet als Theologe, schien für beide Seiten als unangemessen und völlig unüberwindbar. Die Inhaftierten selbst ließen ihn das spüren, indem sie auf ihn ziemlich respektlos reagierten.[151] Melanchthon riet als Folge seiner ergebnislosen Befragungen dem Kurfürsten Johann Friedrich:

> „Gegen die Halsstarrigen ist Not, ernste Strafe zu gebrauchen. Und obgleich etliche sonst nicht mutwillige Leute sein möchten, so muss man doch der schädlichen Sekte wehren, darin so viel grausamer schändlicher Irrtum stecken. Gleichwohl acht ich, daß mit den armen, halsstarrigen Weibern nicht zu eilen sei, sondern man erzeige vorhin einen Ernst mit ihren Meistern."[152]

Da sich die uneinsichtigen drei Gefangenen in Jena noch immer unbelehrbar zeigten, wurden sie erneut aber erfolglos gefoltert. Ihre Hinrichtung war so praktisch beschlossene Sache. So wurde Heinz Kraut mit seinen beiden Glaubensbrüdern, Hans Peißker und Georg Möller, am 26. Januar 1536 auf der Landfeste in Jena hingerichtet. Es wird berichtet, die Drei hätten sich im Beisein Melanchthons mit größter Kaltblütigkeit enthaupten lassen.[153] Sie wurden an Ort und Stelle verscharrt. Ihre drei Skelette mit den abgetrennten Schädeln fand man 1912 beim Neubau der Saalebrücke an der Landfeste.[154] Lorenz Petzsch, der vierte Gefangene wiederrief, blieb in Haft, konnte aber fliehen.

---

151 Vgl. *Wappler* (s. Anm. 4), 142.
152 *Wappler* (s. Anm. 4), 149.
153 Vgl. ebd., 150.
154 Quelle: wikipedia: „Heinz Kraut", dort nach Stadtanzeiger Jena vom 05.02.1992.

Es lässt sich nachverfolgen, dass die Reformatoren sich gern als die eigentlich Rechtgläubigen darstellen wollten. An der hauptsächlich von Melanchthon formulierten *Confessio Augustana* von 1530 wird das deutlich. Sie sollte die Geltung des Wormser Ediktes von 1521 ablösen, das Luther unter Reichsacht stellte und ihn und seine Mitstreiter als Ketzer verdächtigte – mit allen seinen möglichen Folgen. Gerade die die „Wieder"täufer betreffenden Artikel in der *Confessio Augustana* (5, 9, 12, 16 und 17)[155] signalisieren das Bestreben, den Ketzerverdacht auf die Täufer zu lenken, während man sich ansonsten theologisch auf sicherem Boden bewege. Die Täufer sind also die eigentlich Abtrünningen und man habe nun zusammen mit den „Altgläubigen" einen gemeinsamen Gegner. Das kaiserliche Wiedertäufermandat von 1529 bot dazu schon eine ordnungspolitische Grundlage für Altgläubige wie für Reformatoren. Darin waren Täufer hauptsächlich unter dem Gesichtspunkt des Aufruhrs eingeordnet, jetzt kommt der Ketzervorwurf verschärfend hinzu.

Aufschlussreich ist eine Äußerung Melanchthons einem venezianischen Legaten gegenüber zum Verhältnis der Reformatoren zur katholischen Kirche. Er erklärte ihm,

> „daß die Reformatoren keine andere Absicht hätten, als die reine Lehre der katholischen Kirche zu bewahren und dieselbe nur von Irrthum und Mißbrauch zu reinigen, sie seien daher nicht mit Wiedertäufern und Empörern zu verwechseln."[156]

Daraus ergibt sich recht eindeutig der Wunsch nach Gemeinsamkeiten durch Abgrenzung von den Täufern. Man wollte nicht mit Ketzern in Verbindung gebracht werden. Dem entsprach ja auch die *Confessio Augustana*.

155 Nachzulesen im Evangelischen Gesangbuch, Nr. 808. Der Text ist abgemildert. Ursprünglich war nicht vom „Verwerfen" die Rede, sondern von „Verdammung", nach damaligem Verständnis ein Todesurteil für Ketzer!

156 Am 19. Juni 1530 anlässlich eines diplomatischen Besuchs beim Kurfürsten; Quelle: *Karl Schmidt* (Hg.): Philipp Melanchthon. Leben und ausgewählte Schriften, Elberfeld 1861, 196.

Im Blick auf die Täufer wurde gern eine Gemeinsamkeit von Aufruhr und Ketzerei behauptet. Beides zusammen bildete eine besonders zu ahndende Gefährdung des Reiches und des künftigen kirchlichen Lebens und erfordere schärfste Maßnahmen. Dass auf die abweichenden Vorstellungen der Täufer mit der Todesstrafe reagiert werden sollte, zeigt ihre hochstilisierte Begründung als Gotteslästerung nach Leviticus (3. Mose) 24,16, die die Tötung erfordere. So wurde der Ketzerhut, von päpstlicher Seite 1521 Luther und seinen Anhängern in Worms zugedacht, jetzt von den Lutheranern an die Täufer weitergereicht mit allen für Ketzer vorgesehenen Folgen.[157]

Bleibt zum Schluss noch eine Anmerkung:

Man sagt Luther nach, er sei in seinem Urteil über die Täufer im Alter wieder milder verfahren, weil er das Problem eher im Geistlichen als im Weltlichen begründet sah. „Man kann den Teufel nicht mit dem Schwert bekämpfen."[158] Es bleibt auch hier bei der historischen Erkenntnis, wie leicht aus Verfolgten Verfolger werden, wenn sie selbst die Macht dazu erhalten. Das ist zwar nicht zwingend, aber es gibt genügend Belege dafür. Die Reformatoren – hier als ursprünglich von der Reichskirche Verfolgte – mutierten jetzt zu Täuferverfolgern. Im „Täuferreich zu Münster" spielte sich ein ähnlicher Vorgang ab. Verfolgte Täufer terroriesierten als machtbesessene Vandalen Bürger und Klerus. Leider waren solche feinsinnigen Erkenntnisse über diesen Rollentausch den Reformatoren des 16. Jahrhundert nicht gegeben. Melanchthons Gutachten zeigt die ganze Widersprüchlichkeit lutherischer Positionen in der Wende vom Beschuldigten zum (Scharf)Richter. Von der „Freiheit eines Christenmenschen" (Luther 1520) blieb nur die eigene Freiheit bedeutsam. Sie stützte sich auf die Verbindung mit den Machthabern und sicherte sich so ab. Die Verfolgung

---

157 Vgl. *Goertz*: Die Täufer (s. Anm. 15), 134.

158 Vgl. *Trelenberg, Jörg*: Luther und die Bestrafung der Täufer, ZThK 110 (2013), 47f.

Andersdenkender war wieder einmal die übliche Versuchung der Macht.

Diese Umkehrung der Sichtweise vom „Ketzer" zum „Rechtgläubigen" und einem daraus folgenden Machtanspruch zeigt folgendes Beispiel aus Straßburg, einer reformierten Stadt. Leupold Scharnschläger, ein aus Tirol vertriebener Täufer und Seifensieder, lebte in dieser Stadt wohl schon mehrere Jahre. Martin Bucer, der Reformator Straßburgs, und der Rat der Stadt verwiesen ihn 1534 aus der Stadt wegen seiner täuferischen Vorstellungen. Der schrieb daraufhin an den Rat folgende nachdenkenswerte Zeilen:

> „Meine lieben Herren, Ihr sagt und treibt uns, wir sollten unserm Glauben absagen und Eurem Glauben zufallen. Das ist genauso, wie wenn der Kaiser zu Euch sagte, Ihr solltet Eurem Glauben absagen und dem seinigen zufallen. Nun spreche ich Euer Gewissen an: Meint Ihr, daß es Gott recht ist, daß ihr dem Kaiser darin gehorcht? Nun, dann dürft Ihr wohl sagen, daß es auch recht ist, wenn wir Euch in solchem Fall gehorchen. Dann müßt Ihr es aber auch für recht erklären, daß Ihr alle Abgötterei und päpstlichen Klöster, auch die Messe und anderes wieder einzuführen schuldig seid. Meint Ihr aber, daß es vor Gott nicht recht ist, daß ihr dem Kaiser darin gehorcht, so bitte und ermahne ich armer Christ Euch um Gottes und Eurer Seelen Heil willen: Bitte geht Eurem Gewissen hierin nach, erbarmt Euch uns armseliger Menschen und laßt uns Euch befohlen sein.
>
> Ich habe nicht den geringsten Zweifel, daß Ihr wißt, daß der Glaube und das Gewissen des Glaubens ohne Tyrannei, frei und ungezwungen sein sollen (Wohlgemerkt, meine Herren, ich rede nicht von der Freiheit des Fleisches und der Bosheit, sondern von der des Geistes und des Glaubens an Jesus Christus). Wenn aber der Glaube nicht frei sein sollte, hättet Ihr dann mit der Abschaffung der Klöster, Bilder und Messen nicht wider den Kaiser und wider den Papst gehandelt und wärt Ihr dann nicht unverzüglich verpflichtet, sie wieder einzuführen? Dagegen sagt Ihr, wir hätten nicht den rechten Glauben, sondern ihr hättet den rechten; darum würden wir mit Recht von unserem zu Euerem Glauben überlaufen. Ich antworte: Dergleichen sagt der Kaiser und Papst

> auch zu Euch. Ihr hättet nicht den rechten Glauben, sondern sie hätten den rechten. Und doch wollt Ihr nicht überlaufen [...] Wohlan, warum sollten dann wir Euch weichen?"[159]

Scharnschläger beruft sich in diesem Schreiben obendrein auf Luthers und Zwinglis frühere Schriften. Er würde sich freuen, „wenn Luther und die Seinigen noch heutzutage solches täten und tun könnten, was sie selbst gepredigt und zu tun gelehrt haben"[160].

Für das Wechselspiel der Perspektiven wäre auch ein Zitat aus dem Neuen Testament hilfreich: „Alles nun, was ihr wollt, dass euch die Leute tun sollen, das tut ihr ihnen auch! Das ist das Gesetz und die Propheten." (Matthäus 7,12)

Ein versöhnlicher Schluss:

Inzwischen stattgefundene ökumenische Dialoge zwischen den Konfessionen, Lutheranern und Mennoniten, sowie Lutheranern und Baptisten, ergaben, dass nur der Artikel 9 der *Confessio Augustana* überhaupt auf Baptisten zuträfe und auch heute umstritten bliebe, die übrigen Verwerfungen (eigentlich urspünglich tödliche Verdammungsurteile!) nicht.

Im Abschlussdokument der Dialoge heißt es im Abschnitt 101:

> „Lutheraner erkennen und bedauern heute die Auswirkungen, die ihre Lehrverurteilungen bei der Verfolgung der Täufer gespielt haben. Was damals geschah, betrachten sie als eine Warnung vor jeglicher Diskriminierung von Menschen anderen Glaubens und Denkens."[161]

---

159 Zit. nach: *Fast*: Der linke Flügel (s. Anm. 14), 123f.

160 Vgl. *Erich Geldbach*: Freikirchen. Erbe, Gestalt und Wirkung, Bensheimer Hefte 70, Göttingen 2005, 55; zit. nach: Fast: Der linke Flügel (s. Anm. 14), 122.

161 *Meyer. H. u.a.* (Hg.): Dokumente wachsender Übereinstimmung. Sämtliche Berichte und Konsenstexte interkonfessioneller Gespräche auf Weltebene, Bd. II, 1982-1990, Frankfurt a.M. / Paderborn 1992; zitiert aus: *Geldbach* (s. Anm. 141), 111.

Nachwort

Den hier beschriebenen Geschehnissen war 2023 eine besondere Veranstaltung gewidmet. Die Stadt Halberstadt veröffentlichte dazu auf ihrer Website:

„Im Rahmen des Ökumenetages, der am 17.03. und 18.03.2023 in Halberstadt stattfand, wurde die leidvolle Geschichte, die Täufer in Halberstadt erfahren haben, zum Anlass genommen, in Zusammenarbeit mit der Stadt Halberstadt und dem Kirchenkreis Halberstadt an die Intoleranz der damaligen Kirchen und die mangelnde Kraft, die Täufer als Geschwister im Glauben anzunehmen, zu erinnern."

Dazu gehörte auch die öffentliche Enthüllung einer Gedenktafel. Diese Tafel wurde (leider schwer auffindbar) auf der Rückseite und unterhalb des ehemaligen Bischofssitzes Petershof angebracht (Grudenberg, Ecke Peterstreppe). Wahrscheinlich befanden sich dort auch die Zugänge zu den Ver-

Gedächtnis der Täufer in Halberstadt

Diese Tafel ist den Männern und Frauen gewidmet, die für ihr Bekenntnis und ihren Glauben auf Weisung Kardinal Albrechts, Administrator des Bistums Halberstadt, vom 8. Oktober 1535 durch Ertränken in der Bode hingerichtet wurden:

Hans Höhne

Adrian Richter

und eine Frau aus der täuferischen Gemeinde[162]

Die Täuferbewegung nahm ihren Anfang in Zürich und verbreitete sich später auch in Mitteldeutschland. Sie zeichnete sich durch Kritik an der Kindertaufe aus und ging damit über die mit den Namen Huldrych Zwingli, Johannes Calvin und Martin Luther verbundene Reformationsbewegung hinaus. Neben dem Verständnis der Taufe als eines bewussten Glaubensaktes, der eigenverantwortlich als Erwachsener vollzogen wird, zeichnete sich die Täuferbewegung durch ein Verständnis des Wortes Gottes aus, das von einer persönlichen inneren Offenbarung ausgeht, bei der Gottes Geist dem einzelnen Menschen Sinn und Gewissheit des Glaubens unmittelbar ins Herz schreibt.

Dieses neue Verständnis des Glaubens verlieh den Täufern eine Gewissheit, durch die sich Gläubige zu Predigern und Propheten berufen fühlten. Außerhalb der Großkirchen schlossen sich die Täufer zu kleinen Gemeinschaften zusammen.

Die täuferische Gemeindebewegung war dadurch gekennzeichnet, dass sich lebendige Einzelgemeinden bildeten, die für sich in Anspruch nahm, Kirche Jesu Christi zu sein und dabei als selbst verstandene reine Gemeinschaft die bestehenden Kirchen ablehnten. Selber praktizierten die Täufer unter Betonung des sittlichen Wandels in der Nachfolge Christi die Gütergemeinschaft unter Ihren Mitgliedern.

Diese Lehren riefen die Ablehnung der weltlichen und kirchlichen Behörden hervor, die durch den Reichstag von Speyer 1529 die Wiedertäufer mit dem Tod bedrohten. In Halberstadt bildete sich 1535 eine solche täuferische Gemeinschaft. Für die Männer und Frauen, die hier im Petershof gefangen gehalten wurden war das Schicksal des „Ersäufens in der Bode", wenn sie ihren Glauben nicht widerriefen, besiegelt

Die ökumenische Gemeinschaft der christlichen Kirchen in Sachsen-Anhalt erinnert ebenfalls an die Frauen und Männer, die wegen ihres Glaubens zur Flucht getrieben wurden oder dazu, ihren Glauben zu verleugnen, um das Leben ihrer Familie zu retten. Wir schauen mit Scham und Trauer auf die Intoleranz der damaligen Kirchen und die mangelnde Kraft, die Täufer als Geschwister im Glauben anzunehmen.

---

162 Weshalb die Frau anonym blieb, ist rätselhaft: Sie hieß Petronella, stammte aus Holdenstedt, war mit dem dortigen Bäcker (Lucas) verheiratet und wirkte als bedeutende Täuferin in Halberstadt und dem Harzgebiet. Lediglich ihr Familienname ist unbekannt (siehe Ausführungen im vorliegenden Buch).

liesen für Gefangene und deren Verhöre und Folterungen. Heute ist dort ein Zugang zum Bibliothekskeller.

Es war nicht Aufgabe dieser Schrift darzustellen, welche späteren Auswirkungen die Täuferbewegung hatte. Aber in Kurzfassung sei darauf hingewiesen, dass die Trennung von Kirche und Staat, sowie die Religions-, Glaubens- und Gewissensfreiheit – und daraus logischerweise folgernd die individuellen Menschenrechte – nicht erst Frucht der Aufklärung sind. Umgekehrt können wir uns bewusst machen: Aus der Täuferbewegung bekam die Aufklärung entscheidende Impulse. Die Artikel 1 und 4 unseres Grundgesetzes haben also genau betrachtet ihre Wurzel im Täufertum:

> „Die Würde des Menschen ist unantastbar. Sie zu achten und zu schützen ist Verpflichtung aller staatlichen Gewalt." (GG Art. 1)

> „Die Freiheit des Glaubens, des Gewissens und die Freiheit des religiösen und weltanschaulichen Bekenntnisses sind unverletzlich. Die ungestörte Religionsausübung wird gewährleistet." (GG Art. 4)

Viele – wie die Halberstädter Täufer – haben für diese „Selbstverständlichkeit" mit ihrem Leben bezahlt. So ist es nicht vermessen, darauf hinzuweisen, dass auch die im Täufertum verwurzelten Freikirchen (Mennoniten und Baptisten) Impulsgeber für spätere Demkratiebestrebung geworden sind. Die erste demokratische Verfassung der Neuzeit stammt von dem Baptisten Roger Williams (1603-1683), der selbst als Verfolgter in Amerika 1636 den Staat Rode Island gründete. 1652 schaffte er die Sklaverei ab. Seine Verfassungen von 1643 und später 1663 enthielten genau die Grundlagen, deren wir uns auch heute in unserem Land erfreuen: Trennung von Kirche und Staat[163], vollkommene Religionsfreiheit, eine Staatsorganisation als Konsensdemokratie und Wahrung der Menschen-

163 In Deutschland können wir nur von einer teilweisen (also „hinkenden") Trennung sprechen.

rechte. Die spätere Verfassung der USA lässt sich in diesen Punkten auf die von Roger Williams zurückführen.[164]

Geschichte dient nicht nur der bloßen Erinnerung an längst vergangene Geschehnisse. Wir sehen an diesen Beispielen: Vergangene Ereignisse haben ihre Folgen für nachfolgende Generationen, im Guten wie allerdings auch im Schrecklichen. Ehren wir die guten und vermeiden wir die schrecklichen Folgen!

Peter Muttersbach

164 Vgl. *Strübind*: „Widerstandsrecht" (s. Anm. 13), 216.

Anhang

Literaturangaben

Arnold, Ulrike: Auf den Spuren der Täuferbewegung in Thüringen, Bolanden-Weierhof 2022.

Fast, Heinold: Der linke Flügel der Reformation. Klassiker des Protestantismus, Bd. 4, Bremen 1962.

Geiser, Samuel Henri: Die taufgesinnten Gemeinden im Rahmen der allgemeinen Kirchengeschichte, o.O. (Frankreich) [2]1971.

Geldbach, Erich: Der etwas andere Melanchthon, in: Zeitschrift für Theologie und Gemeinde (ZThG) 3 (1998), 102-111.

Geldbach, Erich: Freikirchen. Erbe, Gestalt und Wirkung, Bensheimer Hefte 70, Göttingen 2005.

Geldbach, Erich / Wehrstedt, Markus / Lütz, Dietmar (Hg.): Religions-Freiheit. Festschrift zum 200. Geburtstag von Julius Köbner, Berlin 2006.

Goertz, Hans-Jürgen: Die Täufer. Geschichte und Deutung, München 1980.

Goertz, Hans-Jürgen: Im Aufbruch der Reformation. Das Rechtfertigungsverständnis Thomas Müntzers und der Täufer. Bolanden-Weierhof 2023.

Guderian, Hans: Die Täufer in Augsburg. Ihre Geschichte und ihr Erbe. Ein Beitrag zur 2000-Jahrfeier der Stadt Augsburg, Pfaffenhofen 1984.

Jacobs, Eduard: Die Wiedertäufer im Harz, in: Zeitschrift des Harzvereins für Geschichte und Altertumskunde 32 (1899), 420-536.

Kaufmann, Thomas: Die Täufer. Von der radikalen Reformation zu den Baptisten, München 2019.

Kautsky, Karl: Die Geschichte des Sozialismus in Einzeldarstellungen. Band I: Die Vorläufer des neueren Sozialismus. Von Plato bis zu den Wiedertäufern, Stuttgart 1895.

Kobelt-Groch, Marion: Aufsässige Töchter Gottes. Frauen im Bauernkrieg und in den Täuferbewegungen, Frankfurt a. Main/New York 1993.

Littell, Franklin H.: Das Selbstverständnis der Täufer, Kassel 1966.

Luther, Martin: Wider die räuberischen und mörderischen Rotten der Bauern, Wittenberg 1525 (WA 16, 344ff.).

Luther, Martin: Die Deutsche Messe (1526), Kassel 1936 (Nachdruck).

Melanchthon, Philipp:. Bedenken der Theologen zu Wittenberg: Ob man die Wiedertäufer mit dem Schwert strafen möge, Wittenberg 1531.

Meyer, H. u.a. (Hg.): Dokumente wachsender Übereinstimmung. Sämtliche Berichte und Konsenstexte interkonfessioneller Gespräche auf Weltebene, Bd. II, 1982-1990, Frankfurt a.M. / Paderborn 1992.

Schlachta, Astrid von: Die Täufer in Thüringen. Von wehrhaften Anfängen zur wehrlosen Gelassenheit, Jena 2017.

Schlachta, Astrid von: Täufer. Von der Reformation ins 21. Jahrhundert, Tübingen 2020.

Schmidt, Gustav Lebrecht (Hg.): Justus Menius. der Reformator Thüringens, 1. Bd., Gotha 1867.

Schmidt, Karl (Hg.): Philipp Melanchthon. Leben und ausgewählte Schriften, Elberfeld 1861.

Gottfried Sebass: Luthers Stellung zur Verfolgung der Täufer und ihre Bedeutung für den deutschen Protestantismus, Göttingen 1997.

Strübind, Andrea: „Widerstandsrecht" als elementares Thema in der freikirchlichen Tadition, in: *E. Geldbach / M. Wehrstedt / D. Lütz* (Hg.): Religions-Freiheit. Festschrift zum 200. Geburtstag von Julius Köbner, Berlin 2006, 193–230.

Jörg Trelenberg: Luther und die Bestrafung der Täufer, ZThK 110 (2013), 22-49

Wappler, Paul: Die Täuferbewegung in Thüringen von 1526–1584, Jena 1913.

Wappler, Paul: Inquisition und Ketzerprozesse in Zwickau zur Reformationszeit. Ansichten Luthers und Melanchthons über Glaubens- und Gewissensfreiheit, Leipzig 1908, Nachdruck.

Weimarer Ausgabe (WA): Martin Luthers Werke, Weimar 1883-1929.

Herkunft der Abbildungen:

Cover Historische Stadtansicht Halberstadt 1582: pinterest.
S. 11 Gröinger Bodebrücke: P. Muttersbach.
S. 12 Faksimile: Landeshauptarchiv Sachsen-Anhalt, LHSA A 13, Nr. 839.
S. 14 Druckerwerkstatt zu Beginn des 16. Jahrhunderts: britannica.com.
S. 15 Das Newe Testament Deutzsch.
S. 20 Felix Mantz' Hinrichtung: *Heinrich Thomann*: Kopienband zur zürcherischen Kirchen- und Reformationsgeschichte. Zentralbibliothek Zürich, Ms B 316.
S. 24 Karte zur Verbreitung der Täuferbewegung: aus *Thomas Kaufmann*: Die Täufer. Von der radikalen Reformation zu den Baptisten, München 2019, 116.
S. 29 Herzog Georg („Georg der Bärtige"): Lucas Cranach d.Ä., 1471–1539.
S. 34 Historische Stadtansicht Halberstadt 1582: pinterest.
S. 35 Halberstädter Dom: Edition Photoglob Co., Zürich 1909.
S. 36 Halberstädter Täuferbeziehungen: P. Muttersbach.
S. 41 Taufe: unbekannter Künstler aus den Niederlanden.
S. 46 Grauer Hof: P. Muttersbach.
S. 53 Petershof: P. Muttersbach.
S. 55 Folterwerkzeuge: Adobe Stock.
S. 65 Melanchton: Kupferstich von Albrecht Dürer, 1526, Cinetext.
S. 77 Petershof Rückseigte: P. Muttersbach.
S. 78 Gedenktafel: Stadt Halberstadt und ACK Sachsen-Anhalt.

Namen

T = Täufer/in   ✝ = Hinrichtung bekannt   (✝) = in Gefangenschaft gestorben

---

Die Anfänge des Baptismus zwischen Harz und Heide

Mitautor: Gotthard Wefel

Viele bisher unbekannte Datails haben die Autoren zur Thematik zusammengetragen. Sie schildern anschaulich die Entwicklung und Ausbreitung baptistischer Gemeinden aus der Zeit der 1830er Jahre bis zur Wende zum 20. Jahrhundert, also einer Zeit bedeutsamer gesellschaftlicher Umbrüche. Die Ausgabe enthält viele Abbildungen und Karten.

BoD-Verlag, Norderstedt, 2015,
296 Seiten, Pb., € 14,90
ISBN 978-37347-96111
(auch als E-Book erhältlich: € 9,99)

Schöninger Baptisten. Eine Freikirche mit Geschichte

Die Geschichte der Baptistengemeinde in Schöningen reicht bis 1850 zurück. Im Herzogtum Braunschweig galt damals allein das Staatskirchentum als erlaubt. Eine Freikirche war undenkbar und erschien als Ungeheuerlichkeit.
Trotzdem etablierte sich die Baptistengemeinde. Ihre Entwicklung führte über viele interessante Stationen. Sie wurde zu einem unübersehbaren Teil der Kirchengeschichte Schöningens und des Landkreises Helmstedt.

Dabei zeigt sich die Gemeinde als eine moderne Kirchenvariante. Sie ist geprägt vom gelebten Glauben, freiwilliger Mitgliedschaft, motivierender Mitgestaltung durch ihre Mitglieder und einer Finanzierung ohne Kirchensteuern. Der Baptismus ist in Schöningen eine selbstbewusste Stimme im ökumenischen Miteinander der Kirchen.

BoD-Verlag, Norderstedt 2021
300 Seiten, gebunden., € 28,00
ISBN 9 783752 603859
(auch als E-Book erhältlich, € 15,99)

Denkanstöße.
Ein Lesebuch für interessierte Gemeindeleute

Warum sollte Theologie nur etwas für Profis sein? Wie finden wir uns im Dschungel von unterschiedlichsten frommen Strömungen zurecht? Hier geht es um Themen wie Bibelverständnis, Evangelikalismus und Fundamentalismus, Konflikte und deren Lösung, Vergebung und Versöhnung, Kommunikation, Mitarbeit und Motivation und allerlei mehr.
Eine anregende Sammlung von Artikeln, die manches Thema ganz unkonventionell erschließen und tradiertes Denken ganz bewusst hinterfragen und damit eben Denkanstöße liefern.

BoD-Verlag, Norderstedt 2022
170 Seiten, Pb., € 12,00
ISBN 9 783755708193
(auch als E-Book erhältlich: € 9,49)

Haltepunkte. Predigten

Predigten sind wie Haltpunkte. Man kann einsteigen, umsteigen, nach dem Weg fragen, ein neues Ziel ansteuern usw. Die Predigten des Autors regen vielseitig an, machen neugierig oder auch nachdenklich. In jedem Fall eröffnen sie manchen ungewohnten Blickwinkel.
Eine anregende Sammlung von Predigten zu ganz unterschiedlichen Themen. Viele bekannte und weniger bekannte Bibeltexte erscheinen in einem neuen Licht.

BoD-Verlag, Norderstedt 2016
260 Seiten, Pb., € 17,90
ISBN 9 783837 045260